スケートは人生だ！

宇都宮直子
Utsunomiya Naoko

三賢社

スケートは人生だ！

＊登場する人物の年齢、記録などはすべて執筆当時のものです。

まえがき

「スケートは人生だ！」は、集英社の『ＳＰＵＲ』という雑誌に連載していたエッセイが中心になっている。

連載は二〇一六年の四月号から始め、二〇一九年三月号まで続けた。もともとは八回くらいの予定だったから、編集者に「連載を延長しませんか」と言われたときは、嬉しかった。横浜で、食事の席だった。よく覚えている。

「延期」の申し出は、二回にわたって受けた。長く続けられたのは、愛読くださった方々のおかげだ。それ以外には、ない。心から、感謝している。

今、フィギュアスケートは大人気だ。国民的な競技に成長している。観衆に大いに愛され、求められ、魅了している。

試合の会場にいると、それがよくわかる。期待と興奮と歓喜。演じる側にも観る側にもそれらはあって、リンクをぐるりと覆っている。

ときどき、思う。こんなに素敵な競技がほかにあるだろうか。

競技である以上、勝ち負けは厳粛について回る。でも、試合はとにかく美しい。選手は柔らかく、滾《たぎ》る思いを隠している。とても、上品だ。ため息が出る。だけど、こんなふうに表だって書けるのは、今だからだ。以前は書きたくても、書けなかった。

たとえば、こういうことだ。

二十五年くらい前には、フィギュアスケートの原稿依頼がなかった。企画を出しても通らなかった。発表できたとしても、読んでくれる人は少なかった。

編集者は、選手の名前をほとんど知らなかった。ジャンプの種類も記載する必要がなかった。

「そんな難しいことを書いたって、誰もわかりませんよ」

つまり、フィギュアスケートを取り巻く環境は、かなり違っていた。別世界だ。個人的なことを言えば、今のように、胸の熱くなるような手紙をくれる人もいなかった。

私は「伊藤みどり」の話をしたくて、うずうずしていた。だけど、思いを共有してくれる人はいなかった。なかなか見つからなかった。

でも、近頃は違う。私と会う人のほとんどは、フィギュアスケートの話をする。羽生結弦、宇野昌磨、髙橋大輔について、いろんな話をする。

それはたぶん、私が『ＳＰＵＲ』で、男子選手ばかりを書いていたせいだ。

連載には、約束があった。編集者はきっぱりと、「男子だけを書いてください」と言った。途中、女子を書きたい場面があったが、伊藤みどりと山田満知子以外は叶わなかった。

「男子だけ」というリクエストは、時代を明白に物語っている。羽生結弦という完璧な勝者の登場が、きっかけだと思う。

羽生は、世の中を一変させた。ソチ（ロシア）と平昌《ピョンチャン》（韓国）とふたつのオリンピックを連覇し、一気に伝説となった。敬意を込めて、「宇宙人」と呼ぶ人もいる。

クールな選手だ。グルービーな演技をする。ロックスターのようでもあるし、若武者のようでもある。

端正な顔をしている。黒い眉と切れ長の目が涼しげだ。スタイルもいい。手足が長くて、リンクで見栄えがする。

性格は気が強い。むちゃくちゃ強い。ときどき、般若のような表情を浮かべる。その顔が、半端なく美しい。当然、彼には多くのファンがいる。

宇野昌磨（平昌オリンピック銀メダリスト）も、髙橋大輔（バンクーバーオリンピック銅メダリスト）もそうだ。多くのファンがいる。

ふたりは揃って、ハンサムだ。とても格好いい。独特の色香が、ある。心を持って行かれるようなスケートをする。情熱がこぼれるような、演技だ。

宇野も髙橋も、負けん気は強い。でも、雰囲気は優しい。そういうところも、人を惹きつけるのだと思う。

というわけで、編集者は「男子」を求め、私は応じた。すなわち、この本は、男子選手を真ん中にした本である。

時代の流れに沿った、とも言えるだろう。書店にいけば、フィギュアスケート関連の本がたくさん並んでいる。目立つ場所に、平積みされている。

選手を綴る作業は、喜びであった。試合について書く際には、幸せを感じた。涙目で書いたこともある。

私は、髙橋大輔の銅メダルを忘れられない。羽生結弦の金メダルに、声を上げて泣いた。宇野昌磨の銀メダルに、両手を突き上げた。「スケートは人生だ！」は、そんな思いを綴った本だ。

さて、ここで大事なことを記しておかなければならない。

『ＳＰＵＲ』に綴った内容は、ほかの小著にも含まれている。同じ時代、同じ選手、同じ試合を、同じ筆者が書いているので、重なっている部分もある。

それでも、私はこのエッセイをまとめたかった。まとめて、読んでいただくのが、連載を始めた頃からの夢だった。

だから、もし「まとまったのなら、読んでみよう」という方がいてくださったら、ほんとうに嬉しく、ありがたく思う。それに勝る喜びはない。

この本を手に取ってくださる方と、私は似ている。フィギュアスケートを愛しているという部分で、おそらく。

目次

2015——2016
season

2016―2017 season

2017—2018 season

FIGURE SKATING スケートは人生だ！

2018—2019 season

◎ スケートは人生だ！

2015—2016 season

羽生結弦、2015年グランプリファイナルのフリースケーティング。
写真：Penta Press ／アフロ

悔しい、勝ちたい。だから、強くなる

#01

羽生結弦は二〇一四年にソチオリンピックで金メダリストになった。以来、とても有名になった。あっという間に、スターになった。

オリンピックの金メダリストは特別な存在だ。彼らは概ね、大きな拍手に迎えられ、称えられ、尊敬される。でも、ソチのあと、羽生に向けられた喝采には、少し違った感情もあった気がする。

フィギュアスケートの人気は沸騰していて、試合やショーのチケットはあっという間に売り切れる。

観客席は、女性でいっぱいだ。多くの人がリンクに投げ込むための贈り物を持っている。花束とかぬいぐるみとか、アクセサリーとか。選手が喜びそうなものを用意している。

底冷えのする会場は、彼女たちのおかげで華やぎ、熱気を帯びる。羽生はそんな競技の若き王者だった。

彼は文句なしに強かったし、スケートも容姿も美しかった。だから、人々が揺り動かされるのも、無理はなかった。少し頬を赤らめて、ちょっと胸を火照らせて、人々は彼を見ている。

リンクに立っているとき、羽生は凛《りん》としている。硬質なオーラを放っている。一方、普段の彼は時折、まるでアイドルのように素敵に笑う。

羽生結弦は、そういう選手だった。


羽生は、昨年十二月に二十一歳になった。まだ若いけれど、完全な成功者だ。競技者として言えば、世界最高点の保持者であり、グランプリファイナル三連覇を果たした史上初の選手である。

四回転のジャンプやトリプルアクセルを爽快に跳ぶ。ジャンプは難しい入り方をして、難しい降り方をする。

スピンをとても綺麗に回る。リズムにうまく乗り、曲を柔らかく表現する。たぶん耳がいいのだと思う。少年の頃から、彼は音を捉《とら》える能力に長《た》けていた。

それから、羽生は気持ちも強い。半端なく強い。どんな試合も、勝ちに行く。どんな選手がいようと関係ない。彼はとにかく、一番になりたいのだ。

ソチのときだって、そうだった。初出場のオリンピックで、羽生はごく普通に思っていた。

「僕が勝つ」

フィギュアスケートに携わる人たちからは「大舞台で勝つには、自負心が不可欠」とよく聞くし、気の弱いチャンピオンなんて見たことがない。

でも、「僕が勝つ（あるいはそれに類似する表現）」を表明し続ける羽生の強さには、少しびっくりする。

たとえば昨年十一月のＮＨＫ杯の際、彼はこんなふうに言った。世界最高点を初めて更新した日のことだ。

「絶対王者なんだと、自分自身に言い聞かせてきた」

日本では通常、こんな言い方は好まれない。だけど、羽生がすれば別だ。大きく報道される。むろん好意的に、だ。

羽生の言葉には、背負ってきたものの重さと乗り越えてきたものの高さを思わせる。だからこそ、彼は勝てるのだし、発言も支持されるのである。

さらに言えば、羽生の美点はスケートだけではなかった。彼は礼儀正しく、冷静で、頭がいい。まったく物怖じをしない。感謝の気持ちを持っている。

羽生は、世の中の父親や母親が「こんなふうになってくれたら」と願うような青年に育っている。

この先、恋や愛に躓《つまず》きでもしない限り、ずっと大丈夫だと思う。きっと、一〇〇パーセントに近い選手であり続ける。

フィギュアスケートの世界最高得点は、二〇一六年二月現在、三三〇・四三点である。

羽生はNHK杯で出した世界記録三二二・四〇を、ひと月も経たないうちに塗り替えた。スペインで行われたグランプリファイナルが、その舞台だった。

ファイナルで前人未踏の三連覇を果たしたあとは、十二月の全日本選手権に臨み、史上五人目となる四連覇を達成した。

ただし、羽生は、二位に二〇点近く差をつけた優勝に満足していなかった。むしろ、がっかりしているように見えた。

彼は試合で二度転倒した。ＮＨＫ杯やグランプリファイナルに比べると、演技に余裕がなかった。

「すごく悔しいです」

と彼は言った。

だけど、試合内容に不満があっても、ぜんぜんいいのだ。月並みな言い方だが、不満は次へのモチベーションに繋《つな》がる。

羽生の「次」は、三月末に始まる世界選手権である。そこで、彼は金メダルの奪還を目指す。彼が世界チャンピオンだったのはソチのシーズンで、今は違う。

失ったものは、取り戻さなければならない。そして、彼にはそれができる。その力がある。

#02 四回転は逆風の中で生まれた

「世界選手権は、ものすごくレベルの高い試合になると思います。羽生結弦（ソチオリンピック金メダリスト、世界歴代最高得点保持者）がダントツだと思いますが、ほかにも強い選手はいる。ハビエル・フェルナンデス（スペイン、二〇一四―一五年シーズン世界選手権優勝）、パトリック・チャン（カナダ、ソチ銀メダリスト）やデニス・テン（カザフスタン、ソチ銅メダリスト）らが、そうです。

今シーズンは、この四人の表彰台争いになるのではないでしょうか。四回転争いも見所のひとつになると思っています」

と話すのは、プロスケーターの本田武史（三十五歳）である。彼は指導者でもあり、著名な解説者でもあった。

ソチ以降にフィギュアスケートを知った人たちには、圧倒的に羽生ファンが多い。そういう人たちが知っているのは、熱気に満ちた超満員の会場だ。横断幕が四方に張られ、声援や拍手が渦を巻くリンクだ。

だけど、本田が現役のときはそうではなかった。

リンクは明らかに今とは違っていた。客席はがらがらで、選手の家族や関係者がひとところにまとまって座っていた。記者やカメラマンも数えるくらいしかいなかった。

「僕らの頃と今とでは、ぜんぜん違います。ルールも変わっていますし、完全に別の競技のような形になりました。

あの頃は、フィギュアスケートと言えば女子という時代で、男子は前座のような扱いを受けていましたから」

比較をすれば隔世の感があるが、実際、フィギュアスケートは人気競技ではなかった。テレビ放映はないか、深夜の録画放送が当たり前だった。

その深夜放送でも、男子の演技が放映されることは少なかった。だいたいはダイジェストか、選手によってはまったく映らなかった。

そんな逆風の中、孤軍奮闘していたのが、本田武史だった。彼は日本が世界に誇るスケーターであり、日本のチャンピオンだった。

本田は、十四歳で全日本選手権で優勝した（史上最年少記録。この記録は現在も破られていない）。十四歳で、トリプルアクセルに三回転のトーループをつけて跳んだ。その爽快さったら、なかった。

全盛期にはアクセル以外、すべてのジャンプを四回転で降りることができた。四回転、三回転のコンビネーションジャンプを美しく跳んだ。

それでも、本田は世界チャンピオンにはなれなかった。オリンピックのメダルも持っていない。ソルトレイクシティオリンピックの四位が最高位だ。

世界選手権のメダルは二年連続で獲得している。二度とも銅メダルだった。それ自体は快挙というしかない。

ただ、もし時代が少しずれていたら、メダルの色は違っていたかもしれない。少なくとも、私はそう思う。ちょっと口惜しい。

本田はとにかく運が悪かった。闘いの場には、エフゲニー・プルシェンコ、アレクセイ・ヤグディンという、歴史的なロシア人選手がいたのである。

「世界選手権でメダルを獲れたのは、もちろん嬉しかった。絶対メダルを獲るんだという気持ちで臨んでいましたので。

ただ、表彰式で国旗が低い位置に掲げられたのは悔しかったです。なんか、上がりきらないで終わってしまった感じがして……。

あのふたりには、どうやっても勝てませんでした。でも、彼らがいたから、彼らに負けたくないから、僕は頑張れた。

四回転ジャンプに挑み続けたのも、彼らが跳べないジャンプを跳びたいと思ったからでした。

つらいことも苦しいこともあった。だけど、楽しかった。僕は自分のスケート人生に一〇〇パーセント満足しています」

話をしているとき、彼はいつも穏やかな笑みを浮かべている。ときどき、少年のようにほがらかに笑う。

時代が悪かったとは思わないかと訊ねると、

「それはそう思います。たしかに時代はよくなかったですね」

と言い、本田は大きく、どちらかと言えば他人事のように笑った。

彼の過去は、彼だけの思い出に終わらない。ファンの思い出の中にも、きっと若き日の彼がいる。

今シーズンの世界選手権は、三月二十八日からアメリカ・ボストンで始まる。本田は解説者として、大会に参加する。

「ハビエルはヨーロッパ選手権で四連覇しているし、パトリックも調子を戻してきている。デニスも四回転を二種類入れてくるでしょう」

ならば、私は声を大にして言おう。羽生結弦、頑張れ。勝て。

＃03 「道」ものがたり

これから、二〇一〇年二月の話をする。カナダ、バンクーバーオリンピックの話だ。

髙橋大輔について書くのだから、あの冬がいちばんいいと思う。髙橋が人々を魅了したシーズンだ。

あの冬、バンクーバーは誇りに満ち、想像以上に興奮していた。バスは行き先表示板に「ＧＯ　ＣＡＮＡＤＡ」と点滅させて走り、人々はスキップをするように歩いていた。

独特な高揚は、もちろん競技会場にもあった。オリンピックは特別な大会だ。ひりひりするような緊張に満ち、一瞬一瞬が輝いている。

男子フィギュアスケートには、日本から三選手が出場していた。そのエースが、髙橋だった。彼には、金メダルの期待が集まっていた。

髙橋自身にとっても、頂点を視野に入れた試合であったろう。訊ねられると、彼は常にこう答えた。

「金メダルが欲しいです」

実際、髙橋にはその力があった。メダリストとなる資格も、十分すぎるくらいあったと思う。

彼のバンクーバーまでの道のりは、決して順風満帆ではなかった。その前年、髙橋は怪我をしている。右膝前十字靭帯断裂、半月板損傷という大怪我だった。回復のためには、手術が必要だった。術後には、長いリハビリが待っていた。結果、大切なシーズンを棒に振ることになった。

そうした過酷な状況から、髙橋は帰ってきた。どん底からエースのまま、戻ってきた。さらに言えば、彼の精神は鍛えられ、たくましくなっていた。

華やかなスター性が言われる一方、髙橋には精神的な脆さが指摘されていた。「ガラスの心臓」と揶揄《やゆ》された時期もあった。

バンクーバーでは、そんな弱さが、きれいに払拭《ふっしょく》されているように見えた。足には不安があったはずである。完全であったはずがない。それでも、彼は逃げなかった。見ていて、胸が熱くなったのを覚えている。

男子フリーが行われた日、欧米のメディアは目の色を変えていた。彼らは記者席にいることをまったく気にしていなかった。自国の選手に声援を送った。リンクに向かって、遠慮なく、うるさいくらいに叫んだ。

「COME　ON！」

一度だけ、私も叫んだ。

「大ちゃん、頑張れ」

彼らはとても意外そうに、私を見た。ちょっと差別的な、冷たい視線だった。だけど、かまわなかった。オリンピックは、ナショナリズムがかき立てられる場所だ。控えめな日本人だって、言うときは言うのだ。

ショートで三位につけていた髙橋には、ふたつ選択肢があった。フリーで四回転トーループを跳ぶか、跳ばないか。すなわち、攻めるか、守るか。

結論から言えば、彼は攻めた。プログラム（ニーノ・ロータ『道』）の冒頭、四回転トーループに挑んだのである。

挑戦は「転倒」という形で終わるが、上を目指す姿勢は素晴らしかった。彼は強い心で、自ら道を開いた。日本男子初のオリンピックメダリストへの道を、だ。

以前、国際スケート連盟（ＩＳＵ）のジャッジ、吉岡伸彦氏に訊ねたことがある。あの日の髙橋に送るものは拍手ですか？

「ええ、彼にはそうです。あそこまで、よく戻ってきてくれたと思います」

吉岡は元日本スケート連盟強化部長で、バンクーバーオリンピックでは、チーム監督も務めていた。

「怪我のあと、髙橋は『金メダルを狙う』と公言するようになりました。そういうふうに自分を追い込まなければ、難しかったのだと思います。金が獲れるチャンスではあったので、『もったいなかった』というのは、正直、少しあります。ですが、髙橋はぎりぎりのところで闘っていた。

あのときの演技が、彼のベストではなかったとしても、失敗という感じはしませんでした。よく頑張ってくれたと思っています」

髙橋大輔がバンクーバーで得たのは、銅メダルだった。

彼はスケート人生で格好のいい試合を何度もしたが、この大会の彼は、ほんとうに格好がよかったと思う。

ところで、競技が終わると街は一変した。戒厳令が敷かれた街のようになった。閉会式の行われる会場周辺にはバリケードが幾重にも張り巡らされた。銃器を持った警官が厳しい顔をして、大勢立っていた。

それでも人々は、カーニバルを楽しむように騒いでいた。ビールを飲みながら、叫ぶように歌っていた。全身赤タイツの男が奇声を上げながら、走っていった。

二〇一〇年二月。バンクーバーはそんな街だった。

#04

悲しくないわけがない

少し前の話になるが、アメリカ、マサチューセッツ州ボストンへ行ってきた。フィギュアスケートの世界選手権の取材に、である。

会場には日本からの観客も多く、選手には心強かっただろう。関係者出入り口近くにはファンが待っていて、選手の写真を撮っていた（長洲未来選手は、最高に感じのいい笑顔でツーショット撮影に応じていた）。

羽生結弦の試合の際も、深夜にもかかわらず、思いのほかたくさんのファンが待っていた。彼女たちも心配でたまらなかったのだろうと思う。

羽生は、今回、思うような試合ができなかった。

ショートプログラムでの彼は、完璧だった。頂点を極めた人のように、雄叫びをあげた。魂の咆哮《ほうこう》を見るようだった。

周辺では、羽生の優勝が既成の事実のように語られていた。「おめでとう」「まだフリーがあるけれど」。そのくらい彼のショートは素晴らしかった。

だけど、羽生はフリープログラムで失速する。リンクに登場したときから、雰囲気が明らかに違っていた。

公式練習で見た羽生には、言いようのない強さを思った。ジャンプは美しく正確で、流れるように跳んでいた。だから、負けるわけがなかったのだ。本来であれば、もちろん。

フリーに羽生は覚悟を持って臨んだ。演技中、手拍子も起きた。演技後には、日の丸の振られる客席に向かって、「ありがとうございました」と言った。顔には、ひどい汗をかいていた。

キスアンドクライに座る彼には、温かい拍手が寄せられた。拍手はとても優しかったが、ある意味、王者にはそぐわなかった。

羽生はそこに呆然と座っていた。悔しかったに違いない。悲しかったろうと思う。彼の足は壊れてしまっていた。

大会後に「左足甲靭帯損傷」と公式発表されたが、羽生の足は以前から悪かった。

　適切な治療を受け、安静に努める。それが選手には容易ではない。なかなかできない。一年の締めくくりとなる大会を控えていれば、尚更である。

　いちばん痛みの激しかった今年一月にも、羽生は練習を続けた。三日リンクに乗り、一日休養する。その繰り返しだった。

　トレーナーはよく診てくれていた。それでもフルに滑ることはできなかった。春に向け、じりじりするような日々が過ぎていった。

　羽生の所属するチームの関係者は言う。

「一月あたりは演技云々ではなく、（世界選手権に）出場できるのかどうかを心配していました。羽生は苦しんでいました。葛藤は大きかったと思います」

　世界チャンピオンの奪還。羽生はそれを目指していた。厳しい状況でも、タイトルを諦めなかった。むしろ、獲りにいった。

　羽生がボストン入りしたとき、彼の足は「一応闘える状態」にはなっていたが、「決して万全ではなかった」。

　その状況にさらに不運が重なってゆく。まず、氷の質が悪かった。

世界選手権のリンクが、水が浮いたように見えてはいけない。シーズン最後の大舞台に懸けている選手に失礼だ。

真ん中が硬く両サイドが柔らかい氷に影響を受けた選手もいただろう。とくに、羽生のように幅のあるアーチ型のジャンプを跳ぶ選手には不利だったと思う。

「あの氷は、羽生の足には負担がありました。練習を休ませればよかったのかもしれません。羽生は気持ちが高まっていました。足の状態を思えば、少しやりすぎてしまったかもと思います」

たしかに、羽生の練習には熱がこもっていた。滑ること以外、なにも考えていないように見えた。余分なものが、ぜんぜん感じられなかった。

もしかしたら、練習を休むべきだったかもしれない。そうしていれば、結果は変わったかもしれない。

一方、こうも思う。休むという選択を、彼は受け入れられただろうか。受け入れたとして、心は焦がれなかっただろうか。なにより、彼らしくいられただろうか。

出場が危ぶまれた時期でも、彼は練習を休まなかった。そういう闘争心が、羽生結弦の根幹にはある。

結局、この大会で彼が受け取ったのは銀メダルだった。試合後、羽生は傷ついていた。ひどく落胆していた。それでも、なるべく前向きになろうとしていた。

チーム関係者は話す。

「泣きたい気分だったと思いますが、あの人は泣きませんでした。日本男子というか、男らしさを感じました」

記者会見でも、彼はしっかり自分を抑えていた。悲しそうにはしていた。だけど、それは自然な感情にすぎなかった。彼は怪我をして、思うような試合ができなかった。悲しくないわけがないのだ。

ボストン、魔の一日

#05

リクエストをいただいたので、今月もボストンの話をする。二〇一五―一六シーズンの世界選手権の話だ。

この大会で羽生結弦は準優勝した。でも、ほんとうは二番になる気なんて、さらさらなかった。

どんなに感動的な演技をしても、どんなに完璧なジャンプを跳んでも、二番では意味がなかった。「チーム羽生」にとって、銀メダルは「負け」にすぎない。

羽生は、もともと闘争心のかたまりみたいな選手である。どこかの国の王子のような風貌だけれど、とても気が強い。常に「勝つ」を心に置いている。

その彼が、勝てなかった。理由ははっきりしている。足の故障である。試合中は秘密にされ、のちに「全治二カ月」と発表された「左足甲靱帯損傷」が大きく影響した。

羽生が所属するチーム関係者は言う。

「ショートも痛みを抱えていましたが、気持ちを強く持って、しっかり闘った。素晴らしい演技ができました」

しかし、歓喜と興奮は一気に冷める。演技後、羽生の足はみるみる腫れあがった。

「すぐに冷やせればよかったんだけれど、会見があって難しかった。大きな長靴に氷を入れて、会見の間も冷やしてやればよかったと、あとになって思いました」

羽生の会見でのふるまいは立派だった。それは、笑顔が印象に残る時間だった。憂いはいっさい感じなかった。心の強さを思った。

でも、その夜、彼は苦しむ。腫れは一向に引かなかった。朝になっても、そのままだった。

「気は焦ったでしょうね。あの人はボストンに勝ちに来ていましたから。もう、ぐちゃぐちゃだったと思います」

それでも翌日、羽生の姿は公式練習のリンクにあった。いつもとほとんど変わらない様子で、だ。

足を痛めてからの彼がよく言うことに、こんな言葉がある。

「靴を履いてしまえば、なんとかなる」

それはこんな状況であるらしい。

痛む足に、無理やり靴を履く。靴紐をきつく締める。足がしびれるのを待つ。完全にしびれてしまうと羽生は言う。

「しびれてしまったから、もう大丈夫です。感覚がないので痛くもありませんできます」

こんな過酷な状況で、彼はボストンで闘っていたのである。

「公式練習は休ませるべきでした。（かかとを痛めていた）ハビエルはリンクには上がりましたが、ほとんど滑らなかった。氷の感触を確かめたくらいで、終えました。

一方、羽生は力んでいました。焦りもあって、向かっていった。結果的にあの日は、魔の一日になりました。もし、休ませていたら、羽生が勝っていたと思います。

ボストンではひどい状況で、よく頑張ってくれました。ただ、準優勝は負けなんです。銀ではだめなんです。羽生が目指していたものではなかった」

そういう意味では「残念だった」と関係者は言った。

今回の世界選手権には「残念だった」ことがまだある。氷の質が悪かったのもそうだし、リンクが狭かったのもそうだ。

ボストンのリンクはノースアメリカンサイズといわれるアイスホッケー用のリンクで、国際スケート連盟の規定より幅が四メートル狭かった。

そこへ四回転を数種類跳ぶ世界のトップ選手が揃うのである。四回転を跳ぶにはそれなりの助走が必要になる。練習時の狭さは、想像に難くない。

「幅の狭いリンクでは衝突の危険も増します。選手を守るためにも、正規サイズは必須だと思います。

世界選手権終了後、羽生が練習中に集中を欠いていたという指摘がありましたが、それは間違いです。

羽生が、周囲を気にしないはずがない。中国で選手と衝突して怪我を負って以来、あの人は人一倍、注意を払っています」

ボストンでは、進路妨害の問題が実際に起きた。羽生には気の毒な状況だったと思う。

私見だが、おそらくこの問題はリンクの幅だけでは解決しない。長く、長くこの競技を見てきて、（故意であるか否かは別として、男女を問わず）進路妨害を「ある」と感じる。

国際スケート連盟は、もうそろそろバランスの取れた策を講じるべきだ。少なくとも、選手間の「暗黙の了解」にいつまでも甘えるべきではない。

批判はしない。でも、声をあげる。問題提起をする。

自分らしさを貫く

#06

小塚崇彦は二〇一六年三月末、リンクを静かに去っていった。彼ほどの選手なら、ある意味当然の、目立った演出は行われなかった。

彼は自身のブログで、自らの引退を発表した。その去り方は、小塚のスタイルに合っていたと思う。これまでと同じくらい、スマートだった。

彼は、世界のトップクラスで長く活躍した。二〇一〇年のバンクーバーオリンピックでは八位入賞を果たし、二〇一一年にモスクワで行われた世界選手権では銀メダルを獲得した。

彼のスケートはとても素敵だった。派手ではなかったけれど、ずっと観ていたいと思わせるスケートを、彼はした。

エッジの深い、滑らかなスケートは佐藤有香（一九九四年幕張世界選手権金メダリスト。佐藤信夫コーチの子女、小塚の振り付けや指導を行っていた）の滑りに、ちょっと似ている。

エキシビションやショーのとき、私はよくそう思った。佐藤の美しいスケートが私は好きだった。いつまでも観ていられた。

小塚の踊る曲はだいたい好きだったが、二〇〇七─〇八シーズンのエキシビション「サタデー・ナイト・フィーバー」は好きではなかった。似合っていなかったと思う。

過去、彼に訊ねたことがある。どうして、あの曲を？　たしか、新宿の京王プラザホテルの高層階の部屋で、だった。

その日の取材は撮影はなかったが、小塚はきちんとスーツを着ていた。小さく笑いながら、彼は訊く。

「『サタデー・ナイト・フィーバー』、よくなかったですか？」

つられて、私も少し笑った。だけど、迷わず答えた。

「ええ、個人的にはぜんぜん」

小塚は、ははは と笑った。同席していたマネージャーに向かって、言った。

「言われちゃったよ」

それから、続ける。

「新しいものに挑戦しようと思ったのですが、あの曲は自分には合っていなかった。踊るのが照れくさくて困りました」

ディスコで青春を謳歌する生き方は、小塚の姿には重ならなかった。

この頃の彼は競技に忙しくしていた。グランプリシリーズで優勝し、全日本選手権では準優勝した。

プライベートでは、友人との何気ない時間に癒やされると話していた。つまり、彼はしかるべき場所にいて、しかるべき青春を過ごしていた。

小塚は清潔な世界をリンクに描いた。とても誠実で、一生懸命な選手だった。


小塚崇彦は愛知の出身だ。一九八九年に生まれた。祖父・光彦（愛知県スケート連盟創設者の一人。フィギュアスケートの発展に寄与）、父・嗣彦《つぐひこ》（一九六六年から六九年まで、全日本選手権三連覇。六八年グルノーブルオリンピック代表）と三代続くスケート一家に、である。

だから、小塚の「それから」はある程度、約束されていた。そう言い切っても、間違いにはならないと思う。

彼は三歳でリンクに立ち、風を切り、流れるように滑った。

「父がフードの首のあたりを持ってくれていたんです。身体が宙に浮いた状態で、転ぶこともありませんでした。すごく楽しかったのを覚えています。ひとりで滑っている気でいて、自分は上手なんだと思っていました」

幼い日の話を小塚は、楽しそうにした。何度も笑った。

彼は決して、スケートを強いられたわけではない。サッカーや体操、アイスホッケーをした。友人がたくさんいる。

学校生活を十分に楽しんだ。勉強にも力を入れた。精一杯、頑張った。健康的な日々を送った。

「それでも、最終的にはスケートが残りました。気持ちが自然に絞れた感じで……。僕はやっぱりスケートが好きなんです。

小塚家に生まれたからではなく、自分が選んで今の自分があると思っています」

私は一時期、小塚の取材をしていた。続けて何度か話をした。そのとき、彼に感じたのは、小塚家に生まれた「プレッシャー」ではなく、小塚家に生まれた、深い「感謝」だった。

彼は感情を爆発させるタイプの選手ではなかったが、胸には火を燃やしていた。こんなにスケートを好きな青年が、小塚家に生まれてよかった。そう、私は思った。

現役を引退した小塚は、トヨタ自動車に勤務する。今後はアイスショーにも参加しない。

彼は早くからトヨタに所属し、「嘱託社員」という立場で大学へ通っていた。そして、そんな待遇に心から感謝していた。「ほんとうにありがたい」と、いつも話していた。

引退後の選択にも、小塚らしさを感じる。彼はきっと、すべて「自分で選んで」新しい生活を始めたのだ。

道はひとつではない

#07

およそ一時間半くらい、私たちは話をしていた。その間、長光歌子コーチは幾度か「ありがとうございます」と言った。

言うまでもないが、長光は髙橋大輔のコーチだった。

公式練習のときとか、試合のときとか、エキシビションのときとか。さまざまな場面で、長光の姿を数え切れないくらい、見た。

髙橋の傍《かたわ》らで、長光は笑ったり、喜んだり、心配したり、怒ったりしていた。そして、ほとんどの場合、それらの感情は髙橋と共有されていた。

詳しいことは、来年刊行予定の本（男子フィギュアスケートにフォーカスした書き下ろし）に紹介するけれど、長光と髙橋はまるで親子のような「先生」と「生徒」だった。

さらに言えば、そうした関係は、髙橋の現役引退後もなんら変わっていない。彼女は今も彼の心配をしている。

渋谷のシアターオーブに髙橋大輔の舞台を観にゆくと告げたときのことだ。長光は表情を柔らかく崩した。

そして、まず、

「ありがとうございます」

と言い、続ける。

「でも、それもどうなるか……。私は氷の上のことはだいたい計算できるんですけれど、床の上はどうなんでしょう。ちょっと心配しています」

結論から言う。長光の憂い、あるいは親心は杞憂にすぎなかった。

シアターオーブは満員だった。すごい熱気だった。なんだか不思議な雰囲気だった。期待というより、もっと直接的な感情が広がっている。そんな気がした。

演じられるのは『LOVE ON THE FLOOR』。「世界初演」で、「トップスケーターたちによるショー」で、愛を「激しいダンス」で繋いでゆく。

その舞台の「ダンス初挑戦のゲストスケーター」が、髙橋大輔だった。出演者にはほかに、懐かしいクリスティ・ヤマグチ（アルベールビルオリンピック金メダリスト）やメリル・デイヴィス（ソチオリンピック金メダリスト）らがいて豪華だ。

髙橋はよく踊っていたと思う。とくに動きの少ないシーンでの、つまりごまかせない場面の、キレキレな手首に感心する。さすがだと思った。

「僕は初心者だから」

と、彼自身が言うように、ダンスだけなら、彼より上手なダンサーは大勢いるだろう。いて、当然だ。もちろん。

だけど、髙橋はそのあたりをいとも簡単に超えてくる。登場した途端、会場をひとつにする。そんなことができるのは、一部の選ばれたスターだけだ。

もっと言えば、彼がこうした舞台に抜擢されるのは、ごく自然な流れにすぎない。髙橋の魅力的な現在は、自らで勝ち取ったものだ。

活躍の背景には、男子フィギュアスケートの人気沸騰がある。しかし、彼はそれに便乗したわけではない。

髙橋はブームの火種だった。その奮闘が、低迷していた男子フィギュアスケートを陽の当たる場所まで引き上げた。

バンクーバーオリンピックで日本人として初めて表彰台に上り、銅メダルを受け取った。続くトリノの世界選手権では世界チャンピオン（日本人初）になった。髙橋がこの競技に果たした役割はきわめて大きい。その功績が、彼の現在を支えているのである。

『LOVE ON THE FLOOR』は、髙橋のためのショーに見えた。カーテンコールの際、会場は写真や動画を撮る小さな光で埋め尽くされた。光は白く、ゆらゆら揺れながら、髙橋の新しい一歩を称えていた。

歓声に包まれ、彼は言った。

「(オファーを受けてから) つらいこと、きついことしかなかったです。何度も『どうして引き受けたんだろう』って後悔しました。『やるんじゃなかった』と思いました。

でも、やると決めたから、頑張って、ここまで来られた。気持ちは高揚しています。公演が終わるのがものすごく寂しいです」

引退したフィギュアスケーターの道はひとつではない。高橋はそれをあらためて証明している。リンクで、彼はスターだった。今もそうだ。変わらない。

「引退したあと、あの人は何をしたらいいのかがわからず彷徨《さまよ》っていました。アメリカに行くと聞いたとき、『無駄のように見える時間が大切なのかな』と思い、反対はしませんでした。

結局、そこでいろんな気づきがあったみたいで、やっぱり無駄にはならなかった。あの人には、『どんなことにも絶対に意味がある』と言い続けてきましたが、今回もそうでした」

と、長光は話した。皆さんが待っていてくださってありがたいと、嬉しそうに話した。

宇野昌磨、十八歳

#08

大切にしている写真がある。A4サイズの、小学生が写っている写真だ。女の子数人に交ざって、左端に小柄な男の子がひとりいる。

その写真が撮られる前、彼らはスケートの練習をしていた。名古屋市にある通称「大須のリンク」で、だ。

彼らに向かって、山田満知子コーチが手招きをした。大きな声で、とても元気に、ほがらかに言った。

「ほら、みんな、集まって。今日はカメラマンさんが来ているから、写真を撮ってもらおう。大きくなったら、全日本選手権とかで活躍して、また取材に来てもらえばいいわ」

それは、いかにも山田らしい「子供たち」へのエールだった。

だから、カメラマンは無名の小学生が並んだ写真を撮った。だから、私はまた取材に出かけた。左端に立っていた「男の子」に会いに行った。

彼の名前は宇野昌磨。訪ねたときには十六歳になっていた。

持参した写真を見せると、山田は懐かしそうに、

「こんな頃もあったわねえ」

と言った。

宇野は写真を撮ったのを忘れていて、ちょっと驚いたような顔をした。小学生だった自分のことを、

「ちっちゃいな」

と言い、そっと笑った。

彼は年齢的に、大人に近づいていた。スケーターとしては、成功への道をしっかりと踏み出していた。

だけど、受ける印象は、写真の頃とあまり変わらなかった。彼は、なんだか「そのまま」大きくなっていた。

山田が嬉しそうに話していたのを覚えている。

「そう、昌磨はちっとも変わらないの。可愛いでしょう？　素直で一生懸命な選手に成長してくれてすごく喜んでいます」

これが、二年くらい前の話だ。

宇野昌磨は一九九七年に愛知県に生まれた。フィギュアスケートを始めたのは五歳からである。

そのきっかけを「浅田真央に誘われたから」と宇野は語る。実際、浅田は宇野を可愛がっていた。ふたりが話をしている様《さま》は、年の離れた姉と弟のようにも見えた。

浅田は、幼い宇野を誰かに紹介するとき、

「この子、昌磨って言うの、可愛いでしょ？」

と微笑みながら、どこか得意そうに言った。

たぶん、自慢したくなるくらい、彼のことが可愛かったのだと思う（ちなみに五、六歳の頃の宇野は、クマのぬいぐるみのようだった。どこにでもあるクマではなく、シュタイフのコレクションみたいなクマだ）。

話が逸《そ》れたが、宇野は現在「可愛い少年」や「素直な選手」以外のものにもなっている。彼は世界と闘える一流の選手になった。観客を惹きつけるスター選手になった。

二〇一四―一五シーズンに全日本選手権で準優勝し、世界ジュニア選手権で優勝（日本男子五人目）したあたりから、宇野の名前は広く一般に、浸透してゆく。ただ、頭角を現したとはっきり言えるのは、二〇一五―一六シーズンからだと思う。本格的なシニアデビューとなったこのシーズン、宇野は素晴らしかった。

「僕には才能がありません。スケートはまだジュニアレベルです。もっともっと練習して、シニアで戦えるように成長していきたいと思っています」

この謙虚な発言は、いい意味でまったく裏切られた。

初出場のグランプリシリーズを勝ち抜き、ファイナルでいきなり三位に入るような選手は、声を大にして言うが、絶対に「ジュニアレベル」ではない。

むろん、彼は努力を重ねた。高いところへ手が届くように、一生懸命手を伸ばし続けた。

宇野の練習量はずば抜けていて、他の追随を許さない。つまり、躍進は彼が勝ち取った結果なのだが、その才能にも支えられているのではないか。

私には、彼に才能がないとは思えない。練習に対する真摯な姿勢だって、立派な才能だ。とても優れている。

二〇一六年三月、ボストンでの世界選手権で彼はショート四位、フリー六位で、総合七位になった。試合後、宇野は泣いていた。

二年前、初めて取材をしたとき、彼はこんなふうに言っていた。

「人に訊かれて、僕が話すことは全部、本心です。だから、悲しいときは、悲しいとしか言えなくなります」

初出場で七位は、ぜんぜん悪い成績ではない。よく頑張ったと思う。でも、彼はそうは思わなかった。ひどく悔しかったし、ほんとうに悲しかった。

だから、彼は泣くしかなかった。自らを癒やすことが必要なときが、人にはある。そして、その経験は糧となり、いつか必ず生かされる。

十八歳。宇野は若いけれど、スケートに人生を懸けて歩いている。幼い頃から、ずっと。

◎ スケートは人生だ！

2016—2017 season

宇野昌磨、2017年世界選手権のショートプログラム。
写真：千葉格／アフロ

転んでばかりいた少年

#09

モード誌の締切はすこぶる早い。そのせいで、試合を追いかけるのは難しい。どんなに急いでも無理だ。置いていかれてしまう。

今月号が店頭に並ぶ頃、二〇一六―一七シーズンは始まっている。グランプリシリーズのスケートカナダがもうすぐだ。羽生結弦が出場する。

だけど、この原稿を書いている時点では、羽生は今シーズンの曲を発表したばかりだ。公開練習の場で、

「さらに進化していきたい」

と、彼は言っていた。

二〇一六年三月にボストンで開催された世界選手権以降、羽生の姿は極端に見られなくなっていた。

出演予定だったアイスショーも、結局、全公演がキャンセルになった。ショーの合間に、羽生のビデオコメントが流れたとき、会場には、涙を浮かべるファンの姿があった。胸の前で指を組む人もいた。

その光景に、心が揺れた。気がつけば、私はちょっと泣いていた。ほんとうに多くの人が、彼の帰りを待っていた。

「新しいプログラムを、楽しみにしていてください」

と涼やかに微笑む姿が見られたのは、八月だった。

「グランプリファイナル（二〇一五年スペイン・バルセロナ開催）」で獲得したショート一一〇・九五、フリー二一九・四八、総合得点三三〇・四三が、ギネス世界記録®として認定されたというニュースで、だった。

それを達成したのはもちろん知っていたが、きちんと認定書を授与されるのは、見ていて誇らしい気分だった。

本来なら、認定式は春に行われるはずだった。延びたのは、怪我からの回復を待っていたためだ。

羽生の左足はゆっくり回復した。その分、苦悩は深かっただろうと思う。ジャンプがうまく跳べない日々の中、羽生はこうつぶやいた。

「僕の背中に羽が生えればいいのに」

海外の選手から以前、

「三日リンクを離れると、身体をコントロールするのが難しい」

と聞いたことがある。それほど、フィギュアスケートは複雑なのだ。

羽生には、まったくリンクに乗れない時期があった。ジャンプの数を制限された時期があった。

ジャンプは微妙なバランスによって支えられている。羽生は、もどかしさとも闘わなければならなかった。プログラムの仕上がりにも、影響があったはずだ。

それでも、世界選手権からおよそ四カ月。ときを経て、羽生は元のように跳べるようになった。

私は彼の、空を舞うようなジャンプが好きだ。幅があって、綺麗だと思う。甘い表現を許してもらえれば、羽が生えているように見えるときさえ、ある。

一流の選手とは、たぶん、そういうものなのだ。氷上で、彼らは自由に何者にもなる。

羽の有無はともかく、羽生結弦は実際に「特別な何かを持っていた」ようだ。

もちろん、特別な何かがなければ、オリンピックの金メダリストになんてなれない。彼が特別なのは、すでに誰もが知っている。

だけど、これは十年以上も前の話だ。

羽生は小学生の頃、長野県で開催されていた「全国有望新人発掘合宿（以下、野辺山合宿）」に参加していた。

その頃の彼は、（今では考えられないけれど）ジャンプがあまり得意ではなかった。彼自身の言葉によれば、「転んでばかりいた」少年だった。

「それなのに、なぜか残してもらえて感謝しています」

と彼は言った。

野辺山合宿には、誰もが参加できるわけではない。明確な参加資格がある。全国から優秀な少年少女が集合し、ほんのひとにぎりの子供たちが勝ち上がってゆくシステムだ。

国際スケート連盟のジャッジで、バンクーバーオリンピックで監督を務めた吉岡伸彦氏は、当時の野辺山をこんなふうに振り返る。

「もともと競技人口の少ない競技ですから。女子はともかく、男子はぜんぜん駒が足りなくて、『有望新人』を見つけるのは、すごくたいへんでした。年度にもよりますが、一〇〇人参加者がいたとして、残すのは多くて二、三人。そんな感じだったと思います」

その数人に、羽生は残った。厳しい選考をしっかり勝ち抜いた。でも、そこにエキサイティングな物語はなかった。

吉岡は話す。

「羽生に関して言えば、『この子はすごいぞ』と思って、引っ張った記憶はありません。羽生がノービス（ジュニアの下のクラス）の頃は横並びで、飛び抜けた子がいませんでした。

苦肉の策として、スケーティング、ジャンプ、総合力といったふうに分けて、数人を残すことにしたんです。

羽生はスケーティングが綺麗で、年代にしては楽曲を表現するのが上手でした。ただ、当時は、将来を嘱望するような選手ではなかった。それは間違いありません」
識者の言葉には重みがある。実は、私はこのエピソードがとても気に入ってい
る。
物語はそこで終わらなかった。横並びで、普通であった少年は、とびきりクー
ルな夢を持ち続けた。
そしてその十年後、「オリンピックで金メダルを獲る」という夢を叶える。こ
れ以上ないくらいのエキサイティングな物語を、羽生は描いたのである。
野辺山に、もし飛び抜けて有望な新人がいたら。もし、彼のスケーティングが
目にとまらなかったら。
スターの誕生は、案外、こんなふうに始まるのかもしれない。ささいなきっか
けから、転がる雪玉のように、運命が変わってゆく。
特別な強さを、羽生結弦は持っている。幸運を引き寄せる強さも、だ。

#10 メディアデー

目の前を、羽生結弦が走って行く。笑みを浮かべている。若者らしい、軽快な足取りだ。

彼の後ろを、関係者がぞろぞろと追いかけている。そのうちの誰かが言う。

「日陰でしょうね。日陰じゃないとだめよ。陽の当たらないところでないと……」

でも、たぶん、羽生には聞こえなかったと思う。彼はガラスのドアを抜けて、そのまま外に出て行った。

その日、トロントは快晴ですごく心地のいい日だった。羽生はこれから、屋外で写真撮影に応じることになっている。テレビ局が一社と出版社が二社、外で待っていた。

撮影の時間は分単位で決められていて、公平を期すためにストップウオッチが使われていた。三社でも、あまり長くは掛からなかった。

羽生は出て行ったときと同じくらい、勢いよく戻ってきた。私の持っていたダウンコートを見て、少し笑って言った。

「暑くないですか?」

答える間は、なかった。半袖のシャツを着た彼は階段を駆け上って行った。二階には、たくさんのメディアが待っていた。

羽生はそこで、インタビューを受けることになっていた。彼は身振り手振りを交えて、快活に話をした。

ストップウオッチを持った係の人が「はい、時間です」と言うまで、話し続けた。二〇一六年の晩夏、メディアデーのことだ。

晩夏の二日間を境に、羽生は練習に集中する日々に戻っている。試合にも出場した。大きな大会ではなかったものの、優勝した。

なにより、四回転ループを成功させた。カナダ・モントリオールで行われた、オータム・クラシックが舞台だった。

得点は、あまり芳しくなかった。内容的にもうひとつだった。だけど、それには、たいした意味はない。

羽生は昨シーズンに負った重傷のせいで、思うような練習ができなかった。新しくしたばかりの靴のせいで、腰痛を抱えていた。

だから、試合に出場できたというだけで、一般の人が考えるよりずっと、すごいことだった。彼はまたひとつ、階段を上ったのだ。

準優勝に終わった四月の世界選手権以降、彼は苦しんでいた。身体的にも、精神的にも、こらえるものは多かったと思う。

そういうときのことを、たとえば、ブライアン・オーサーコーチは、こんなふうに言っている。

「羽生は気持ちが揺らいでいました。やりたいことがスムーズにできず、ナーバスになっていました。

私たちは、彼のメンタルをよい状態に保てるように努めました。あらゆる種類の動揺を回避する。それが私たちの仕事でした」

ショートプログラム「Ｌｅｔ，ｓ Ｇｏ Ｃｒａｚｙ」を振り付けたジェフリー・バトルは、こんなふうに言っている。

「怪我は深刻だったので、高いハードルがありました。練習のできない『特定の要素』もありました。

それで、彼は違った要素の練習を始めました。これは悪い状況の中の明るい兆しだと思います。

彼には、『できる』という自信が必要です。今は、そんなメンタリティを育てている時期だと思います」

オータム・クラシック。あの試合で、完璧である必要はどこにもなかったのである。

メディアデーでの羽生は、何かを我慢しているようには見えなかった。

彼は「王者」のままだった。つまり、いつもと変わらなかった。どんなに傷ついていても、自分らしくあろうとする。そのあたりが、彼はとても強かった。

トロントでの練習で、羽生は四回転ループを何度も跳んだ。国際スケート連盟ジャッジ、吉岡伸彦氏はその様子を見て、驚いたと話す。

「靴が合わなくて、間に合わないと聞いていたんです。状態もひどく悪いという話でした。なので、そんなに期待していなかったのですが……」

だけど、実際は違った。

「ものすごくきれいなイーグルから、『え、今の四回転だよね？』と思うくらいのジャンプを跳んでいました。

ランディングもきれいに流れていて、『ループって、こんなに簡単にクワドが跳べるものなんだ』って思いました。素晴らしかったです。感心しました」

吉岡はオータム・クラシックの結果を、ぜんぜん憂いてはいない。それどころか、羽生が「だいじょうぶ」である理由を、余すことなく語る。聞いていて嬉しくなるような話を、彼はした。

「オータム・クラシックのループは、羽生の能力からすればよくありませんでした。アンダーローテーションも取られず、ちゃんと立ってはいましたが、あんなもんじゃないです。

フリーの仕上がりが遅れているのは、怪我の影響だと思います。プログラムを

『通し』で滑り込む時間が足りていなかったのかもしれません。

疲れた感じとか体力の戻りが遅いとか。それらもシーズンが進んでいけば、問題なく解消されると思います」

ライバルは誰かを訊ねたときも、言葉は揺るがなかった。

「昨シーズンに三三〇・四三点（世界最高記録）を出したときのような演技をすれば、今シーズンは三四〇点を超えてきます。

これに、どんな選手がついてこられるでしょうか。羽生がノーミスで勝負できた試合は、心配いらないと思います」

と吉岡は言った。

だから、見ていればいいのだ。待っていれば、いいのだ。

バトルと一緒に「Ｌｅｔ'ｓ Ｇｏ Ｃｒａｚｙ」を作っているとき、羽生は何度かこう口にした。

「わあ、最高にクールだ」

シーズンが進むうちに、そんな日が来る。羽生結弦は完璧になる。きっと、帰ってくる。

「冬のダンス」に挑む

#11

彼はずっと一流の道を歩いてきた。名伯楽として知られる佐藤信夫コーチの話である。

佐藤が指導者として育てた選手は多い。たくさん、いる。近年で言えば、二〇一六年三月、惜しまれつつ引退をした小塚崇彦がそうだったし、女子で言えば、バンクーバーオリンピック銀メダリストの浅田真央もそうだ。

このページでは男子を描く「約束」なのだが、今シーズン、ジャンプに苦しんでいる浅田について、ちょっと触れておきたい。

不調は痛めている膝の影響が大きいだろう。それでも諦めず、リンクに立ち続ける姿には胸が打たれる。

グランプリシリーズフランス杯で、九位（自己ワースト順位）になったとき、浅田は言った。

「自信をすべて失いました」

だけど、私は思う。きれいなスピンを回っている。難しいステップを踏んでいる。曲を豊かに表現している。それもまた、彼女の世界だ。

決して、すべては失われていない。まだ、なにも終わっていない。自ら望み、限界に挑み続けるのなら、伝えたい。ひとこと、浅田真央、頑張れ。

さて、佐藤信夫の話に戻る。

彼は、日本フィギュアスケートの開拓者のひとりである。選手として、果敢に世界と闘った先駆者である。

佐藤は、日本人で初めて三回転ジャンプを跳んだ。一九六〇年から六六年までの間に、二回のオリンピック、六回の世界選手権に出場した。

最高位はオリンピックが六四年オーストリア、インスブルックオリンピック大会の八位で、世界選手権は六五年のアメリカ、コロラドスプリングス大会の四位である。

コロラドスプリングスの四位は、結果だけを見れば快挙だ。間違いない。だが、それには大いに問題があった。

大会後に、

「佐藤が銅メダルを取るべきだった」

という声が上がったのである。同じ意見は大会関係者からだけでなく、表彰台に上った選手からも聞かれた。

それでも、佐藤は四位にしかなれなかった。なぜか。そういう時代であったからである。

フィギュアスケートは、ヨーロッパ発祥のスポーツだ。貴族たちの「冬のダンス」から始まった。

彼らは長く、それを自分たちのものにしていた。フィギュアスケートを、気取ったダンスのままにしておきたかった。

だから、彼らは認めなかった。日本の選手を競技者ではなく、客人のように扱った。

参加したいのでしたら、どうぞ。でも、表彰台には上れません。あなたがたは上手に踊れませんもの。

たとえば、こんな具合にだ。とても馬鹿げた優越意識だと思う。あるいは慇懃《いんぎん》無礼《ぶれい》と言おうか。

彼らはルールを定め、ずいぶん先に競技を始めた。あとから始めた者が追いつくには当然、時間が要る。そんな簡単なことも、彼らにはわからなかったのである。

余談だがこうした古い日の話を、私はずっと書きたかった。大勢の人に会って、さまざまな経験を聞いてきた。新しく連載も始めた（集英社の『Ｓｐｏｒｔｉｖａ』という媒体で、「挑戦の歴史」というタイトルだ）。

先人の取り組みには、ほんとうに頭が下がる。彼らは情熱のかたまりだった。その礎《いしずえ》があってこそ、日本はフィギュアスケート大国になれたのである。

佐藤信夫には、過去、こんな話を聞いた。

「最近はノービスの子でも、国際試合に出場するようになり、自分のレベルを知るのも容易になりました。

私たちの頃は、外国の映像を見る機会さえ、まずなかった。全日本選手権に勝っても、それですぐに、世界に派遣されるということもなかった。社会全体が貧しい時代で、資金がなかったのです」

一度目のオリンピック、アメリカのスコーバレー（六〇年）が、佐藤の初めての海外だった。

それまで、彼は日本で行われたエキシビションでアメリカの選手をふたり、見たことがあった。でも、ヨーロッパの選手は一度も見たことがなかった。

右も左もわからない状況で、「勝つとか負けるとかは論外でした」と彼は話した。スコーバレーで十四位になったあと、国際試合に参加し続けるうちに、佐藤には見えてきたことがある。

「世界の状況を少しずつ理解するようになり、『これは自分のほうが上ではないか』と思うようになったのです。

コロラドスプリングスのときも、そういう思いはありました。『とてもいい演技ができた。でも、勝つのは彼ら（外国人選手）なんだよな』という思いです。スポーツですから、それはやはり不思議に思いましたね」

こうした証言をするのは、佐藤だけではない。多くの先人たちに共通する。信じられないかもしれないが、そういう時代があったのだ。確かに。

佐藤信夫は当時、絶対的なエースであった。世界と互角に闘えた男子スケーターは、彼のほかいなかった。

その佐藤が感じた「不思議」は、大きな意味を持っていただろう。日本フィギュアスケートの歴史は、ある意味、「不思議」と向き合うところから始まったのである。

最後に、佐藤の二度目のオリンピックを記しておく。六四年のインスブルック大会のことだ。

そこでの八位は、二〇〇二年ソルトレイクシティ大会で、本田武史が四位になるまで、日本男子のオリンピック最高位だった。

インスブルックで、佐藤はスーツのようなコスチュームを着て、蝶ネクタイを締めていた。髪をきちんとセットしていた。まるでワルツを踊るような雰囲気だった。

とても姿勢がよかった。礼儀正しかった。左袖には「日の丸」を付けていた。

彼は日本代表として、ジャンプを何度も跳んだ。精悍で美しいスケートを滑った。

優れたスケーターの話

#12

今日は優れたスケーターのことを書こうと思う。二〇一七年二月に、韓国で行われる四大陸選手権の話も、少しする。

まずは、グランプリファイナル（一六年十二月、フランス、マルセイユで開催）で、前人未踏の四連覇を果たした羽生結弦の話だ。

私は、マルセイユに行かなかった。行きたかったのだが、書き下ろしの締切と重なり、原稿を書いていた。

試合はテレビで、見た。テレビで見た感想になんて興味を持つ人はいないだろうから、ちょっとにする。

羽生は恰好よかった（いまさらだが、ショートの衣装を紫に変えたのは、英断だった。とても似合っている）。

フリーで、いくつか失敗をして「むちゃくちゃ悔しかった」ようだが、それでも負けなかった。強かったと思う。

選手は往々にして、内容を重視するけれど、競技において肝要なのは、勝つことだ。なにしろ、羽生は人一倍、負けず嫌いである。負けていたら、もっと悔しかったに違いない。

彼はまたひとつ勲章を得た。男子フィギュアスケート史に、輝く足跡を残した。拍手を送りたい。

今シーズンは、羽生にとって故障明けのシーズンである。

オフには「治療以外は歩かない」月日があった。「気持ちを抑えるのが難しいとき」もあった。

シーズン初戦のオータム・クラシックのときにも左足は万全ではなく、状況によっては欠場もありえるくらいだった。

だから、チーム羽生は、シーズンをゆっくり始めるつもりだった。

「選手にとって、怪我は宿命のようなもので切り離せない。

急がず、あまり結果を求めず、様子を見つつ、怪我と上手に付き合いながら、試合に臨んでいけたらいい」

彼らは、なにより、羽生の身体のことを思っていた。もう、絶対に、怪我をさせたくなかった。そして、羽生ほどは「マルセイユ」にこだわっていなかった。

でも、彼は違った。しっかり勝った。ミスがあっても勝てたのは、優れているからである。それが、テレビを見ていた感想だ。

羽生結弦は今シーズンを挑戦の年として、スタートさせた。オータム・クラシックの頃から考えると、ゆっくりどころか、ずいぶん駆け足な気がする。

言うまでもないが、プログラムの難易度は上がっている。自身の持つ、世界最高記録（三三〇・四三）更新が十分、狙えるくらいに、だ。

スケートカナダ、NHK杯と試合を重ねるうちに、プログラムはまとまってきた。足のさばきがクリアになってきた。音楽との調和も取れてきた。

とくに、プリンスの「Let's Go Crazy」で踊るショートはクールだ。独自の世界が美しい。

優勝したNHK杯のときにも、羽生らしさを思った。彼は記者会見で、こう言った。

「(ルッツを含め、四種類のジャンプを跳ぶ)ネイサン・チェンと一緒に試合に出られて嬉しかった。彼は、僕ができないことをやっていて、モチベーションになります」

羽生は柔和な顔をしていたが、なんだか「負けるものか」というふうにも、聞こえた。表情が柔らかいぶん、逆に、王者のプライドを感じさせた。

何気ない、ごく普通の言葉で、自らの士気をぱっと高める。そういうところが、彼はとても上手だった。


さて、二〇一六年十二月、クリスマスの頃に全日本選手権が大阪で行われる。大阪へは取材に行くが、この連載には間に合わない。

原稿が掲載になる頃には、韓国、江陵《カンヌン》の四大陸選手権(一七年二月十五日から十九日)が近づいている。

全日本の結果は当然、まだわからないが、羽生がフィンランド、ヘルシンキで開催される世界選手権(一七年三月末)に選出されるのは間違いないだろう。

また、彼は江陵の四大陸にも参戦するかもしれない。

ヘルシンキを思えば、少々タイトな日程にはなる。だけど、平昌オリンピックが行われる会場、リンクを確かめられる機会は貴重だ。

誤解を恐れずに言えば、チームはシーズン当初から、四大陸を視野に入れていたのではないか。

ブライアン・オーサーは、経験豊かな指導者である。羽生とともに、オリンピック二連覇を目指している。そんな彼らが、実際の会場で滑る機会を逃すはずがないと、思う。

以前、イタリア、トリノオリンピックの際、代表選手からこんな話を聞いた。現地での合宿後の話だ。

曰く、会場の壁色が赤だったので、それに合う衣装を考えた。音の反響具合を確認できた。（リンクで滑ってみて）氷の感触はわかった。

客席との距離がわかった。イメージが膨らんだ。気持ちが違ってきた。思った以上に、トリノは寒かった。防寒対策がもっと必要だとわかった。

つまり、現地に行けば、得られることがたくさんあるのである。

さらに言えば（世界選手権に焦点を合わせるのが通常だとは思うが）、ピークを四大陸に合わせるという戦い方もあるかもしれない。

そこを起点に、オリンピックまで積み上げてゆく。壮大な計画だ。よほど力のある選手にしか、できないだろう。でも、夢がある。羽生結弦になら、できる気がする。

四大陸にはおそらく、有力な選手が集まってくる。マルセイユと似た雰囲気になるかもしれない。

たとえば、羽生がいて、宇野昌磨がいて、パトリック・チャンがいて、ネイサン・チェンがいる。そうなれば、きっと素晴らしい大会になるだろう。

江陵の真新しいリンクで、いちばん優れたスケーターが勝つ。

髙橋大輔はスターだ

#13

髙橋大輔さんに会ってきた。

説明が難しいので、感覚的に言う。彼はなんだか自然に、「髙橋さん」と呼びたくなるような人だった。

いい人だとはいろんな人が言うし、そのとおりだと思うが、それ以上にとても愉快な人だ。よく話すし、よく笑う。

ちょっと不思議な人と言ってもいいかもしれない。髙橋さんは、日本フィギュアスケートにおける歴史のひとりだ。でも、自己評価がすごく低い。過小評価している。

評価は「謙遜」とは違う。もっと、素直な感情だ。無関心にも似ている。もともと興味がないようだった。

その上、髙橋さんは自分の過去を、それも輝かしい成功を、かなりの部分で忘れてしまっている。

「えっ、あの頃、どんなふうに思っていたんだろう。覚えていないな。ごめんなさい」

と言い、

「ネガティブだからですかね？」

と笑顔で訊く。

でも、彼は、ぜんぜんネガティブには見えなかった。常に淡々としていて、人としての強さを感じる。ひと口では言えないが、とてもちゃんとしている。

そんなところも、「髙橋さん」と呼びたくなる理由だと思う。

髙橋（ここから、いつもの敬称略のスタイルに戻る）と会ったのは、書き下ろしの取材のためだった。

私は現在、男子フィギュアスケートについて執筆している。歴史の本だ。だから彼には、忘れていたことを少しずつ思い出してもらった。そんな作業に、なった。

指定された日は全日本選手権の前で、彼も、翌日から大阪入りすることになっていた。試合のナビゲーターとして、テレビに出演するのだ。選手のインタビューも担当する。

髙橋は、少し照れくさそうに言った。

「まだ慣れません。めちゃくちゃ緊張します。話すの、あまり得意じゃないんです」

でも、彼は丁寧に取り組んでいる。画面から、誠実さが伝わってくる。細身の、仕立てのよさそうなスーツがよく似合っている。そういうことだって、案外大切だと思う。

「引退後の生活って、具体的に考えたことがなかったんです。漠然と、アイスショーをやるんだろうなって思っていたくらいで。

コーチというのも、ひとつの道として思うことはありました。ただ、将来、やるかやらないかはわからない。決めていません。

とにかく、テレビでお仕事させていただいたり、舞台に立たせていただいたりするのは、まったく想像できませんでした」

髙橋は、二〇一〇年バンクーバーオリンピックの銅メダリストである。彼のメダルは、日本男子フィギュアスケート史上初のオリンピックメダルだった。

彼はまた、同年の世界選手権を制している。これももちろん日本人男子初の快挙だった。フィギュアスケートブームの日本で、髙橋が求められるのは当然なのだ。

一方、「想像していなかった」のも理解できる。正直な心情だろう。

「僕たちの頃は、今とは雰囲気が違いました。華のある女子が複数いたということも大きいと思いますが」

過去、フィギュアスケートは完全に女子のスポーツだった。少なくとも、日本ではそうだった。四年に一度、冬季オリンピックのときに、ちょっと注目されるくらいの競技だった。

ささやかな注目さえ、女子が集めた。男子には、冷ややかだった。長い間、ずっとだ。

十年ほど前でも、女子と男子では、会場の雰囲気は違っていた。試合を観戦しようとする人も少なかった。

そんな状況では、次の段階で何をするかは考えにくい。そして、髙橋もわりと長い間、そうした不遇な環境にいたのである。

「シニアに上がった頃、男子はテレビ放映もされていませんでした。あったとしても、深夜の録画放送だった。

観客も少なかった。『オペラ座の怪人（二〇〇六―〇七シーズン、フリー使用曲）』あたりでも、まだ客席は埋まっていなかった。

ありましたよ、『くそっ』っていう思いが。男子も見てもらいたい。ゴールデンタイムに放送されるようになりたい。それをモチベーションにやっていました」

実際、そのよくない流れを変えたのは、髙橋だった。もちろん、当時は織田信成がいたし、小塚崇彦もいた。

彼らとの代表枠争いは、いくつものドラマを生んだ。見応えがあった。面白かった。わくわく、した。

その先頭に、髙橋大輔が立っていた。この類の話をするとき、髙橋はことごとく否定する。でも、客席を埋めるきっかけになったのは、彼だ。間違いない。

「徐々に変わってはきていましたが、ほんとうの意味では、やっぱりバンクーバーからじゃないですか？

あのあとスケートファンになってくださった方は多かった。男子も面白いんだって気がついてくださった。

『スケート、見てるよ』とか『かっこいいね』って、女性だけでなく男性からも声を掛けてもらえるようになった。決定的に変わったのは、バンクーバー以降だと思います」

だから、それは髙橋の功績なのだ。男子史上初のメダル獲得が、大衆の目を変えたのだ。どこも、間違えてはいない。

取材中、話がかみ合わないことが多々、あった。ときどき、コントのようなやりとりになった。そのたびに、髙橋は「ははは」と笑った。

「周囲がもし、そんなふうに見てくださるのなら嬉しいし、すごくありがたいと思います。

ただ、僕自身は、そんなつもりはないんです。女子みたいに新聞の一面を飾りたいとか、自己中心的なモチベーションでやっていたんですから」

彼は最後まで、自分を「勝者」にはしなかった。考えてもいないようだった。

だけど、髙橋は勝者であり、スターだ。スターでないわけがない。

彼がリンクに帰ってきた

#14

横浜市にある横浜銀行アイスアリーナ（以下、アリーナ）では、「スペシャルオリンピックス日本　ユニファイドスケートイベントPLAY UNIFIED！」が開催されている。

ユニファイドスポーツとは、知的障がいのある人とない人がともにスポーツをする。

この日のイベントはその認知を広げることと、二〇一七年三月にオーストリアで開かれる「スペシャルオリンピックス冬季世界大会」のPRを目的としていた。アリーナのリンクは六十×三十メートルの国際規格を満たしている。その周りを囲むように、人の輪ができていた。

観客はマフラーを巻き、手袋をしている。帽子をかぶっている人もいる。アリーナはひどく冷たかった。でも、そこに集うのは幸運な人たちだ。イベントは人気で、抽選に当たった人しか入れない。

最初に言っておくが、知的障がいのあるアスリートの試技は感動的だった。懸命さ、純粋さに、胸が震えた。涙が出た。

イベントにはゲストもいた。スペシャルオリンピックス日本ドリームサポーター、安藤美姫と小塚崇彦である。

安藤はイベントのはじめに「アヴェ・マリア」を、白い衣装で踊った。音響があまりよくなくて、音がきれいに聴こえなかった。華やかなライトもなかった。だけど、彼女は十分美しかった。会場を温めるような、優しいスケートをした。

小塚はプログラムを披露することはなかったが、アスリートたちを守るように、しっかり寄り添っていた。

安藤と小塚。この日、ふたりも素晴らしかった。愛に値すると思う。

さて、ここから小塚崇彦の話をする。

小塚は二〇一六年三月に、どちらかと言えば唐突に、引退を発表した（しかも、オフィシャルサイトでだ）。彼の経歴にふさわしいセレモニーは何も行われなかった。

唐突に感じられたのは、いろいろ様子が変わっていたからかもしれない。彼は競技から退くだけでなく、スケートからまったく離れることにした。

つまり、現役を引退したスター選手の多くがなるようなプロスケーターにはならないとしたのである。

それを、いかにも小塚らしい選択だと思った。生き方は人それぞれであり、あくまで、自由であるべきだ。

引退のニュースに、私は「そうか」と思った。一方で、こう考えた。「とても残念」「もっと見ていたかった」「いつか、帰ってきてくれたら」。

同じように考えた人は、きっとたくさんいただろう。

小塚は、とても美しく滑った。人を惹きつけるスケートをした。成績も残している。二〇一〇年バンクーバーオリンピックで、八位に入賞した。二〇一一年には、モスクワで行われた世界選手権で銀メダルを獲得した。

バンクーバーで、彼は人気があった。公式グッズを売っている店の人とは、何度か小塚の話をした。

「ねえ、あのキュートな日本人はなんという名前?」

「耳の大きな男の子、可愛い顔をした選手のことよ」

彼女たちは、小塚を気に入っていた。

オリンピックは、ナショナリティの高まる大会だ。だが、彼女たちは「上手に滑る」という理由で、彼を応援していた。

小塚は、そんな選手だった。プロスケーターになっていたら、もちろんショーから声がかかったろう。

でも、発表は事実だった。彼はほんとうにリンクから去っていった。滑るのも止めてしまった。

小塚にとって、アリーナでのイベントは久しぶりの公の場だった。

彼はユニファイドスポーツのアスリートたち(五十人ほど)と一緒に登場した。名前をコールされて、軽く手を上げた。

公開練習には、ほかにも指導員がいた。皆、同じような黒い上下のユニフォームを着ていた。でも、小塚の姿はすぐにわかった。だいぶ離れたところからでも、容易に見つけられた。

彼はただ前進しているだけで「小塚崇彦」だった。エッジの深さや軸を作る腕に、見覚えがあった。

彼はアスリートの前後左右に気を配っていた。背中を支えたり、手を引いたり、繋いだりしていた。

アスリートたちは、とても上手だった。フォアクロスで柔らかく膝を使った。スパイラルポジションで転ばなかった。

スピンを何回も続けた。スピードはなかったけれど、こんなに滑れる人はなかなかいない。長く拍手をした。手のひらが赤くなって、痛くなるまで、だ。

小塚はイベントの最後の方で、エレメンツ（要素）を披露した。マイクを持って、話をしながらのパフォーマンス（勢いよくコンパルソリーを滑っているような感じ）だった。

「フィギュアって図形の意味で……」

マイクの調子が悪いのと、彼がすごいスピードで滑るので、言葉は聞き取りにくかった。だけど、しっかり聞こえたこともある。

「九カ月間、ぜんぜん滑っていないんです。申し訳ない」

それは、小塚らしい気遣いだ。彼は少しも変わっていなかった。角度のある綺麗なイーグルも健在だった。

ラストのスピンでは、周囲から声があがった。「すごい、すごい」と声があちこちで、した。

小塚は息を切らしながら、言った。

「フィギュアスケートって面白いなって感じてもらえれば嬉しいです。今日はありがとうございました」

この数日後、彼は氷上に戻ると発表した。スケートに恩返しがしたいと言った。

むろん、彼にはそれができる。リンクに帰ってくれさえすればいい。そこから、始まる。小塚崇彦のスケート人生がまた。

#15 トリプルアクセルの女王

一〇〇年にひとりの天才。一〇〇〇人にひとりの天才。人間じゃないくらいの天才。

そんなふうに、伊藤みどりは呼ばれていた。少なくとも、私は人が実際にそう言っているのを聞いた。

伊藤は一九九二年のフランス、アルベールビルオリンピックの銀メダリストである。八五年に中学三年生で全日本選手権で優勝した。そこから、アルベールビル後の引退まで、八連覇をした。

日本に、彼女の敵はいなかった。伊藤は、世界を相手に闘った。八九年にはパリで開催された世界選手権で、優勝した。日本人初となる快挙だった。

伊藤はまた、世界で初めてトリプルアクセルを跳んだ。トリプルトリプルのコンビネーションを含め、五種類すべてのトリプルジャンプを成功させた。

彼女はまさしく、時代を超えた天才だった。日本フィギュアスケート史に、燦《さん》然《ぜん》と輝く足跡を残した。

私にとって、伊藤は特別な存在である。とても緊張して試合を見た。アルベールビルのときは、どきどきしすぎて、自分が倒れるのではないかと心配した。鮮やかで、懐かしい記憶だ。

伊藤と初めて会ったのは、彼女が、二十代後半の頃だったと思う。礼儀正しく、誠実な人といった印象を受けた。

伊藤は当時、プリンスアイスワールドの大看板だった。ただ、アイスショーはその頃、人気がなかった。

ガチャピンなどポンキッキのキャラクターたち（彼らは、スケートがとても上手だった）が登場して、子どもたち向けに、滑ったりしていた。

あるとき、伊藤がこんなふうに、言ってくれたことがある。

「あ、今日の取材、宇都宮さんなんだ。よかった。安心。スケート、わかってくれているから」

会ったのは、新横浜だ。日時も古いノートを探せば、たぶん、わかる。回したカセットテープも残っている。言葉は、今も重い。私の支えだ。

伊藤はその日、ぜんぜん笑わなかった。すごくラフな服装をしていて、化粧もほとんどしていなかった。声に張りがなかった。訊ねたが、体調は悪くない、と言った。

伊藤の恩師、山田満知子コーチはいつも話していた。

「みどりの長所は『隣のみよちゃん』みたいに明るくて、気さくで、親しみやすいところかな」

普段の伊藤は、ほんとうにそうだ。ほがらかで、にこやかに話をする。

ただ、その日は雰囲気が違っていた。なんだか、苦しんでいるように見えた。

「どうしてか」は、訊ねなかった。

それでも、彼女はわりと長く、いろんな話をしてくれた。スケートについて、丁寧に教えてくれた。

誰にだって、気持ちの沈むときはある。人と会いたくないときが、ある。

だけど、あの日、伊藤は取材を拒まなかった。静かに、話し続けた。ほんもののプロフェッショナルだと思う。

伊藤は、高い技術で革命を起こした。女子フィギュアスケートを大きく変えた。大勢の関係者が言う。「日本の輝かしい現在は、伊藤みどりから始まった」。豪快なジャンプを跳ぶ分、彼女は怪我の多い選手だったし、天才ゆえの苦労も多かった。

過去、伊藤は話した。

「日本では、私は勝って当たり前と受け止められていました。海外では、いいジャンプを跳べば、それだけで大きな拍手をいただけた。試合という意味では、海外の方が滑りやすかったですね」

伊藤の現役時代、日本人はフィギュアスケートにあまり興味を示さなかった。伊藤は、もっと評価されるべきだったのに、気づいていなかったのだ。

伊藤は、常に闘っていた。選手は皆、そうだが、当時は今とは異なっていた。闘うものが、すごく多かった。

競技が持っていた差別的な視線とか。完璧なジャンプへの挑戦とか。カタリナ・ヴィットの芸術性とか。

ヴィットはサラエボ、カルガリーとオリンピック連覇を成し遂げた。彼女も、紛れもなく天才だった。とても美しい人だった。

彼女を、伊藤の言葉で表せばこうだ。

「ヴィット選手は、まるで女王のように優雅で、気品があった。美しさという面では、いくら頑張っても世界では勝てないという思いはありました」

だけど、カルガリーのフリーで、伊藤はヴィットに勝っている。伊藤は完璧に近い演技をした。嵐のような歓声の中、五種類のジャンプを七回跳んだ。

歓声は、公平で正直だった。それは、競技としてのフィギュアスケートに対して送られた喝采だった。

すなわち、伊藤みどりは素晴らしかった。最高の技術を披露した。文句なく、美しかった。

だいぶ経ってから、伊藤にインタビューしたとき、彼女は言った。

「私は、フィギュアスケートを芸術から競技に変えました。

ジャッジが、『あの演技をされたら仕方がない。点数を出さざるを得ない』という演技を目指しました。

ジャンプの質とか、高さとか。そうしたところでは、世界中の誰にも負けなかったと思っています」

こうした姿勢こそ、気品だと思う。それはまた、日本フィギュアスケートの根幹にある、誇りでもある。

伊藤の限界への挑戦は、現在へと繋がる潮流にもなった。ヴィットの時代、女子には難しい技は「できない」と考えられていた。

でも、伊藤にはそれが「できた」。古くさい概念を覆してみせた。そして、そこから高難度のジャンプ習得は必須になっていった。

潮目は、たしかに変わった。その後も、より強くなるために、日本は挑戦を続けた。だから、世界有数のフィギュアスケート大国になった。

すごく頑張った人の言葉

#16

フィンランド、ヘルシンキに行ってきた。私はそこで、大事なものをなくした。体調も少し崩した。でも、フィンランドが、とても好きになった。

私は、フィギュアスケートの世界選手権の取材に行った。そこで、最高の試合を見た。まるで物語のような試合を、だ。

感情が震えた。皮膚がぞわぞわ、した。近くにいた海外メディアは、感嘆の声をあげていた。「羽生が、やった」。彼らは、そう言っていた。

記者室へ行くエレベーターの中では、「おめでとう、日本」「いい日になったわね」と、一斉に話しかけられる。

彼らは皆、結果を喜んでくれていた。だから、私はますます幸せになった。ほんとうに、すばらしい試合だった。

物語は、羽生結弦の「失敗」から始まった。ショートプログラムの行われた日、彼の調子は悪くなかった。きれいなジャンプを跳んでいた。高さがあったし、幅があった。スピードもあった。

ショート（使用曲「Ｌｅｔ'ｓ Ｇｏ Ｃｒａｚｙ」）の滑り出しは上々だった。上々すぎて、失敗が想像できなかった。

ただ、彼は普段より少し静かに、見えた。はじめは、ペース配分を考えているのだろうと考えた。

羽生のショートは「激しさ」に終始する。ペースを守らないと終盤が苦しくなる。それに、彼は今シーズン、まだ一度もパーフェクトな演技を披露できていない。大舞台に期するものはあったろう。

過去、チーム関係者は言っていた。

「ヘルシンキまでには、完璧になってもらわないといけない。ジャンプはもちろん、スピン、ステップもレベル四でまとめる。取りこぼしのない演技が目標」

その目標に、彼は向かっていた。四回転ループは、完璧だった。だけど、四回転サルコウからのコンビネーションジャンプに失敗する。九八・三九点、五位が彼の成績だった。王座奪還には、苦しい順位だ。

「今シーズンは『悔しい、悔しい』ってばかり、言っていますけど、ほんとうになんで経験が生かされないのかなって思います。自分にふがいない気持ちでいっぱいです」

演技後、彼はそう言った。顔は白く、呆然としていた様子は、キスアンドクライの表情と似ていた。

ショート終了後に、フリーの滑走順を決める抽選がある。会場は全体が、リラックスしていた。和やかで、雰囲気がよかった。あちこちで小さく、笑い声も聞こえた。

羽生は、いちばん前の列に、宇野昌磨と並んで座っていた。羽生の横顔には、笑みが浮かんでいた。

ただ、背中には失意があった。肩が落ちて、首がいつもより長く見えた。当たり前だが、悔しそうだった。

一方、背中は尖ってもいた。固く引き締まった意志を、感じた。それは、どこか渇望に似ていた。そんな気がした。

実際、彼は反省だけを口にしたわけではない。「このままでは終われない？」と訊かれて、「もちろん、金メダルを獲りたいので、しっかり調整します」と答えている。

フリーは二日後に、行われる。抽選の結果、羽生は十九番スタートになった。


世界選手権の会場にいると、いろんな人に会う。たとえば、タチアナ・タラソワとすれ違った。独特のオーラの人だ。厳しさと優しさの混じる。

カロリーナ・コストナー、アシュリー・ワグナーとは、エレベーターが一緒だった。電動車椅子に座った老婦人もいた。

エレベーターは調子が悪く、しばらく止まったままだった。婦人は話し出す。

「私はアメリカから来たのよ、アシュリー。あなたたちの応援に」

アシュリーの対応は温かだった。優しかった。親しい友人のように振る舞った。

婦人は嬉しそうだった。喜んでいた（これも、フィンランドが好きになった理由のひとつだ）。

さて、ここから「完璧」という言葉を繰り返して使う。つまり、男子フリーの話をする。大逆転劇の話だ。

羽生結弦のフリーは、長く語り継がれるだろう。彼はとにかく完璧だった。最初から最後まで、完璧だった。

フリーに臨むにあたり、彼は、

「日本の音楽のすばらしさを感じていただけたら」と考えていた。使用曲は「Ｈｏｐｅ ＆ Ｌｅｇａｃｙ」。その調べに溶け、羽生は流れていた。自身で、音を奏でているようだった。

コンポーネンツ（構成。スケーティングスキルなど五項目）では、満点の一〇がいくつも出た。パフォーマンスでは、九人中五人のジャッジが満点をつけた。エレメンツも、そうだ。彼はまったく自由だった。羽を得たように、見えた。ループ、サルコウ、トーループを四回転で、完璧に跳んだ。

演技後半に組まれたコンビネーションジャンプを一本も失敗しなかった。軸の細い、幅のあるジャンプを跳んだ。スピンを美しく回った。ステップを空を舞うように、踏んだ。

圧倒的だった。支配的だとも思った。むろん、すべてのエレメンツでＧＯＥ（出来ばえ点）がプラスだった。

羽生の得点二二三・二〇、フリースケーティングの世界最高記録だ。総合得点三二一・五九。彼は頂点に上った。王座に、帰ってきた。

演技後、「疲れました」と彼は言った。だけど、もう白い顔はしていなかった。勝利の興奮が、心地よさを彼に与えている。頬はちょっと朱かった。

「今日は演技の内容を忘れるくらい、一つひとつ集中して、一生懸命やれました。演じていて、自分が風だったり、川に浸っているような、自然の中に溶け込んでいるような感覚がすごくありました」

羽生は、ヘルシンキでのフリーを「ご褒美」と表した。この場所で滑ることができて、幸せだったと言った。

それらをメモに取りながら、すごく頑張った人の言葉だと思った。だから、彼は完璧だったのだ。きっと。

満知子先生が大好き

#17

「大きくなったら、ウルトラマンのように変身して満知子先生になる」

村上佳菜子は、幼い頃、そんなふうに言っていた。恩師「山田満知子のように」ではなく、「そのものになる」と決めていた。それくらい、山田のことが好きだった。

二〇一七年四月二十三日に、村上は二十二歳で競技から引退した。選手としての最後のリンク、彼女は泣かなかった。懸命に、笑おうとしていた。

引退の舞台は、国別対抗戦のエキシビションだった。続けて、各国のスター選手が登場する。そこで泣くのはあまりよいことではなかった。場を壊してしまう。だから、彼女は笑ったのだ。おそらく。

村上はそういう選手だった。気配りのできる女性だった。素直で、とても可愛い人だった。彼女について、山田満知子はこう話していた。

「佳菜は明るくて、元気で、すごくいい子だけれど、あまり選手には向いていないわね。性格が優しすぎるの」

そう言えば、山田の指導する子どもたちは皆、礼儀正しかった。「元気ないい子」がたくさん、いた。

日本を代表する指導者でありながら、山田はスケートに固執しない。そういう姿勢を貫いてきた。

「スケートは私の人生に深く関わっています。ただ、それがすべてではありません。生徒を指導するときも、そうです。なにがなんでもチャンピオンにするぞとは思いません。

一流もいいですが、一流だけが幸せですか？　私は子どもたちに、まずスケートを楽しんでもらいたい。その上で、内面の美しい、みんなに愛される選手になってほしい。なにより幸せになってほしいと思っています」

山田はある意味、人生の師でもあった。子どもたちに慕われ、愛されていた。

「ファミリー」と評される絆で、結ばれ続けていた。

村上は、ウルトラマンのように変身したかった。世の中には、そんな形の「尊敬」があるのだ。


山田満知子がよく口にする言葉が、ある。

「私は、運がよかったのよ」

でも、たぶん、そうではない。

山田の人生は「運」に左右されるほど、薄くはない。しっかりと築かれている。ちょっとやそっとでは軋《きし》まない堅城だ。

フィギュアスケートとは、五歳のときに出会う。ただ、当時の環境はスケートを学ぶのに適していたとは言い難い。

「ひどいものでした。テレビもビデオもない時代でしょう？　海外の指導書を翻訳して『ああでもない』『こうでもない』って教えてくださるんだけど、ぜんぜん楽しくないの。

スライドを見て、『どうも、シットスピンというのは、こういうものらしい』とかね。誰も、きちんとした指導法を知らなかった。一から始めようとしていた時代だったから」

このあたりの話をするとき、山田は苦い顔をしてみせる。だけど、口調はそうではない。そこはかとない、「おかしみ」を含んでいる。

事実、山田の話は面白い。ユーモアに富んでいる。彼女には「厳しい」、あるいは「怖い」というイメージもあるが、違う。

指導者としての厳しさはある。当然だ。だが、威圧的ではない。むしろ、気さくで、親しみを感じさせる。一流の人特有の威厳も感じる。とても、素敵な人だ(生徒の保護者にも、山田ファンは大勢いる)。

ところで、なにもない時代に、山田がスケートに出会ったのは幸いだった。彼女にとってではなく、日本のフィギュアスケートにとって、である。

山田は、競技になじまなかった。好きになれなかった。もし、自分が教える側になったら、子どもたちに、スケートが好きになる指導をしようと思った。リンクを楽しい場所にしたいと、考えた。

そして、その立場に立ったとき、彼女は次々と送り出す。伊藤みどり、浅田真央、村上佳菜子、宇野昌磨。内面の美しい、みんなに愛される選手たちを世界へ、だ。

伊藤は言う。

「山田と出会わなかったら、今の私はありません」

伊藤は、五歳から山田の家へ出入りを始め、十歳から完全に同居している。幼少時、伊藤の生活環境はスケートを続けられる状況になかった。

山田が手を差し伸べなかったら、女子フィギュアスケートの現在は違っていただろう。山田満知子と伊藤みどり。繁栄は、そこから始まった。ふたりが礎だ。

その日々はある意味、闘いだった。山田は身を挺して、伊藤を守った。スケート連盟からの凄まじい「期待」に、強引な「提案」に、心底腹を立てた。本気で、怒った。

「連盟はある時期、みどりを名古屋から離そうとしていました。新しいコーチまで用意していました。でも、私もみどりも、そのことを知らされていなかった。みどりは可哀想なくらい、悩んでいました。文字どおり、号泣していました。どんなに断っても受け入れてもらえない。あげくに『そんなに反抗するなら、もう試合に出さない』とまで言われた。いくらなんでも子ども相手にひどすぎるでしょう?」

山田は本来、教え子を束縛するタイプではない。「出会いがあれば、別れがある。機が熟して、本人が望めば送り出してやりたい」が心情だ。しかし、このときは違った。

「みどりは『アルプスの少女』じゃないけど、まさに自然児。扱いの難しい子で、私は親としてあの子と向き合ってきました。だけど、手放したらそうはいかない。成功しなかったら、あの子は見捨てられるかもしれない。そうなったら、いったい誰が責任を取ってくれるのか。私は親として、申し出を断りました」

山田は、敢然と権力と闘った。それだけ、伊藤に幸せになってほしかったのだと思う。愛していたのだと思う。

「私が今、こうしていられるのはみどりがいたからです。そのことは、いつも心にあります」

強くて、優しくて、温かい。ときどき、私も変身したくなる。ウルトラマンのように。

記録より、記憶に残る演技を

#18

宇野昌磨、十九歳。まだ大人には見えなかった。だけど、子どもでもなかった。ぜんぜん違った。しっかり「自分」を持っている。

宇野は、途中にいる。少年の美しさを残している。誠実で、純粋だ。強い意志がある。とても繊細で、どこか大胆でもある。

過去は振り返らない。終わったら、さっさと忘れてしまう。とくに、よかったときはそうだ。考えない。

「僕、過去に興味がないんです。順位がよかったとしても満足したくないし、満足してはいけないと思うし、実際、満足することもありません。悪かったときのことは、心に置いてもいいかなと思うんですけど」

と、宇野は言った。

彼は、細い声をしている。大きな声では、話さない。丁寧に話をする。笑うときも静かだ。品を感じる。

「日常生活でも、そんなに感情を表に出すほうではないです。まったく出さないというわけではないんですが」

まるで、文学少年のようだ。図書館にいそうな感じの。でも、彼はいつもリンクに、いる。眠りから覚めて、眠りに就くまで、一日の大半をリンクで過ごしている。

宇野はフィギュアスケーターで、日本が世界に誇るエースのひとりだ。今春フィンランド・ヘルシンキで行われた世界選手権では、二位になった。

宇野は観衆を魅了した。会場は歓声に揺れ、称賛で溢れた。だけど彼は、違っていた。自らのすばらしさをわかっていなかった。

「ヘルシンキでは、あの時点での一〇〇パーセントの演技ができました。でも、今、思うのは、自分の実力が、トップにいたらなかったということのみです。

僕はネガティブ思考なので、基本、自分の悪かったところに視点がいく。そして、考えすぎるくらい考えます。

演技も昔と比べれば、それなりになってきましたが、粗削りな部分が多いし、基礎ができていないし、不器用ですし、手足の処理が汚い。だから、自分ではまったく認めていません。

僕、自分があまり好きじゃないんですよ。嫌いです。いや、冗談とかじゃなくて、まじめに」

そう言って、宇野はチャーミングに笑った。自己否定を積極的に、ずいぶんほがらかに、した。

彼は自分が「だめ」な理由をたくさん持っている。人に褒められるのも、好きではない。苦手だと言った。不思議な人だと思う。でもとにかく、彼によればそういうことだった。

ところで、宇野昌磨がいくら自己を否定しても、状況は変わらない。彼は、世界有数の才能のひとりだ。それは事実で、動かない。

「不器用」とも、思わない。彼はリンクで何者にもなれる。切なくも、雄々しくも演じられる。立派な表現者だ。

ジャンプは、四回転を三種類持っている。その中のひとつ、フリップは、世界で彼がいちばん最初に跳んだ。つまり、宇野は優れたジャンパーでもある。

「最初に跳んだからって、なにもないですよ。ほんとうに、なにも思わないです」

と、彼はさらりと言った。

表情はどちらかと言えば、あどけない。「邪気がなく可愛らしい」は、(彼はぜんぜん気に入らないと思うが) 一般的な宇野の印象だと思う。

「自分が自分に厳しいとは思いません。自分に求めているものが高いとは思います。目標設定を、実力以上に想定しているので『それは届かないよ』って感じですかね。

一〇〇パーセントでやっても、届かないところを勝手に目指しているんです。そのあたりはけっこう貪欲で、負けず嫌いだと思います」

宇野に訊ねる。そういう生き方は苦しくないですか。つらくなりません?

「なりますよ」

彼は短く答え、続ける。

「でも、自分がやっているのは、やらなければいけないことにすぎない。べつに、努力しているとも思いません。うまくなりたいからやっている。ただそれだけです。

僕は、昔から『誰にも負けたくない』って気持ちを持っていました。だけど、その頃の実力では、そんな立場にないのも自覚していました。

たとえ夢でも、目標でも、公言するのは恥ずかしかった。すごく、嫌でした。自分に言ってやりたかった。『実力もないのに、ほざいているんじゃないよ』って」

その姿勢は、今は変わった。宇野は口にするようになっている。「世界で一番になりたい」。どんな場面でも、訊ねられれば必ず、だ。

「そうですね。そう言えるだけの実力がつけられたかな、ついてきたかなと思えて、本心を話せるようになりました」

宇野昌磨は、とても正直な人だ。「昔」から、ずっとそうだった。十代半ばの頃は、なにかを待っているように、見えた。彼はそこから、上ってきた。闘ってきた。胸を張っていいと思う。ときが、きたのだ。

二〇一八年二月、韓国・平昌で冬季オリンピックが開催される。日本の男子の出場枠は三である。宇野の代表選出は、確実視されている。

「出られるのであれば、日本の代表として責任を持って臨みます。最善を尽くします。でも、特別な試合とは意識しないつもりです。

僕はこれまで、どんな試合だとも全力でやってきました。『オリンピックだから』と気負わずにやろうと思っています」

メダルについても、訊いてみた。宇野はメダル候補だ。すでに、同じことを何度も訊かれていると思う。それでも、彼は嫌な顔はしなかった。ちょっと考えて、答える。

「願望の話でもいいですか？　願望では金色を獲りたい……、どうなんですかね。一番になりたいという思いはあるんですが、大舞台がすごく楽しみっていう気持ちもあって。

観衆の方々に、演技を喜んでもらえるのが、僕はなにより嬉しいんです。記録より、記憶に残る選手になれればと思っています」

それから、彼はまたチャーミングに笑った。

◎ スケートは人生だ！

2017—2018 season

2018年平昌オリンピック、表彰式で互いの健闘を称えあう羽生と宇野。
写真：UPI／アフロ

羽生結弦から目が離せない

#19

突然だが、フィギュアスケートのジャンプには種類がある。トーループ、サルコウ、ループ、フリップ、ルッツ、アクセルが、そうだ。

難易度がつけられていて、一応、紹介順に難しくなる。それらにはＧＯＥ、出来ばえ点が良くも悪くも加わる。つまり、得点は上下する。

「一応」としたのは、易しいジャンプを不得意とする選手もいるし、難しいジャンプを得意とする選手がいるからである。

現在、世界のトップ選手は、複数の種類を四回転で跳ぶ。でも、ほんの数シーズン前までは、そうではなかった。

四回転トーループだけで、勝負になった。二種類持てば、勝てた。コンポーネンツをまとめることで、高い得点に繋げることができた。

だけど、今は違う。怒濤の展開を見せている。二〇一八年の平昌オリンピックは、二種類では勝負にならないだろう。たぶん。

たとえば、カナダのパトリック・チャンのスケートはとても美しい。ずっと見ていたいような滑りをする。ある時期まで、彼のコンポーネンツは最強だった。しかし、今はその差がつまってきている。コンポーネンツでは、ジャンプの差を補うのが難しくなっている。彼は二種類しか四回転を跳べないのだ。

男子フィギュアスケートにおいて、四回転の時代は過去にもあった。ロシアの二強、エフゲニー・プルシェンコ、アレクセイ・ヤグディンや本田武史らの全盛時、選手は当たり前のように四回転を跳んだ。複数の種類を跳べる選手もいた。

そんな時代が、繰り返されようとしている。いくたびかのルール変更を経て、進化して、難しくなって、新しく扉を開こうとしている。

ちょっと前に、アメリカのネイサン・チェンに会った。

ネイサンは、ジャンプの申し子のひとりだ。平昌のメダル候補でもある。金メダル候補と言ってもいいだろう。すべて完璧なら、可能性がある。

彼は四種類の四回転を持っている。四回転ルッツからのコンビネーションジャンプも跳ぶことができる。

オリンピックでのライバルを訊くと、最初に「羽生結弦」の名をあげた。とくに表情は変わらなかった。当たり前の話をしているだけ、そんな感じだった。

平昌の表彰台には、何人もの選手が手を掛けている。その中で、金メダルにいちばん近いのが、ソチオリンピック金メダリスト、羽生結弦だ。

羽生は今春、ヘルシンキで行われた世界選手権で優勝した。オリンピックシーズンに世界チャンピオンとして、参戦する。つまり、追い風を得た。

称号は、積み上げた日々の象徴だ。怪我のない羽生の、力の証明だ。ジャッジの印象は、上向いたに違いない。

羽生はそれまで、世界選手権を二シーズン続けて落としていた。スペインのハビエル・フェルナンデスの三連覇を阻止し、王座を奪還したのは、とにかくたいへんよかった。

羽生は四回転ジャンプを三種類跳ぶことができる。トーループ、サルコウ、ループだ。四回転ループは、彼が世界で初めて跳んだ。昨シーズンに試合で披露し、公式に認定されている。

ループに限らないが、ジャンプを練習では跳べる選手は少なくない。羽生だって、練習でなら、ループをだいぶ早くから跳んでいた。

ただ、練習でしか跳べないのは、跳んでいないに等しい。どんなに上手に降りても、まだゼロだ。ようやくスタートラインに立ったくらいだと思う。

羽生の場合、サルコウを完璧にするのに二シーズンが必要だった。フィギュアスケートは、人が思うよりずっと難しい。

羽生は習得した四回転ジャンプを公式練習の最後の一本として、跳んでいた。そうやって、確認するのだと言っていた。

「このジャンプは跳べると、自覚するために跳んでいました。それを重ねることで自信を得ました」

自信は、次への心構えにも繋がっていく。羽生の一歩は普通の一歩ではない。オリンピック二連覇への、一歩だ。

ところで、ループの習得はサルコウよりも早かった。昨夏の練習では、見とれるほどの完成度だった（試合ではシーズン前半、少し苦労していた）。

この件について、国際スケート連盟ジャッジ、吉岡伸彦氏はこんな見解を示している。

「左足に怪我をしていたのが、幸いしたのかもしれません。まあ、結果論になってしまいますが。

羽生はものごとをポジティブに考えるタイプです。気持ちを切り替え、できることに集中したんだと思います。

左は使えない。右しかない。じゃあ、どうするのって考えたときに、ループを徹底してやろうとなったのではないでしょうか。

いわゆる怪我の功名みたいな部分があるのかなと思います」

昨シーズンが始まる前、羽生はトロントで言っていた。

「つらい時期もありましたが、無意味ではなかったと思っています」

彼は苦しんだ。焦った。苛立った。でも、屈しなかった。言葉通りの日々を送り、ループを得た。ループは彼を支えた。そして、王座に戻した。

ただし、平昌では、それでも足らないかもしれない。今シーズンは、なにしろ特別だ。四回転ジャンプを、音楽を表現しながらリズムの中で、何種類何本跳ぶかが焦点となる。

パトリックやハビエルといった上の世代は、構成を変えず、プログラムの成熟で勝負してくるかもしれない。

だが、宇野昌磨、ネイサンといった若い世代は、より挑戦的に攻めてくるはずだ。さらに言えば、彼らはジャンプだけの選手ではない。とても美しく、踊る。人一倍、負けることの嫌いな羽生はどう闘うのだろう。練習していた四回転ルッツとフリップは、試合に間に合うだろうか。

状況は、かなり複雑だ。そういうときは、短い表現でまとめたほうがいい。すなわち、羽生結弦から目が離せない。

「ＳＥＩＭＥＩ」にすると決めていた

#20

羽生結弦の今シーズンの使用曲が、決まった。ショートが「バラード第一番」。フリーが「ＳＥＩＭＥＩ」。ふたつとも好きなプログラムだ。とくに「ＳＥＩＭＥＩ」は、もう一度見たいと思っていた。二〇一五―一六シーズングランプリシリーズ、ＮＨＫ杯、あの試合を覚えている。あんな試合は、見たことがなかった。

羽生はぴかぴかだった。きらきらだった。普通に「輝いていた」とは書けないくらい、光っていた。

そのとき、演じたのが「ＳＥＩＭＥＩ」だった。ＮＨＫ杯で、彼は世界最高得点（当時）を更新し、優勝している。サルコウ、トールー プ、二種類五本の四回転を含め、挑んだジャンプすべてを成功させた。

フィギュアスケートは、ジャンプだけの競技ではない。だけど、ジャンプが決まらなければ、試合は凡庸になる。その意味において、彼は完璧だった。

オリンピックに過去のプログラムを持ってくるのは、特別なことではない。わりと、誰でもやっている。

二本ともというのは少し珍しいが、闘うのは羽生結弦であって、われわれではない。彼が「そうしたい」のなら、なにも問題ない。

それに、彼と彼のチームはだいぶ早くから、そうすると決めていた。もう時効だと思うので、紹介する。

羽生結弦がオリンピックシーズンに、「ＳＥＩＭＥＩ」を滑る。初めてそう聞いたのは、二〇一六年二月だった。音声データが、そのまま残っている。

ただし、そのときはまだ、決定ではなかった。公になるまでは、絶対に書けないと思った。オリンピックにかかわる話だ。選手の人生が懸かっている。

それから、私は貝になった。誰にも、話さなかった。信頼する人たちにも、いっさいだ。

むろん、どこにも書いていない（羽生に限らず、発表できないことは、さまざまな理由、場面でいくつもある）。そして、待った。「ＳＥＩＭＥＩ」に決まりますようにと、願った、辛抱強く、待った。

「ＳＥＩＭＥＩ」を踊れるスケーターは、ほかにもいるだろう。だが、あの世界観を表現できるのは、羽生結弦ひとりだと思う。

その上、プログラムはあの頃より、さらに上質になるのだ。ジャンプだけで、言う。羽生は、今は四回転ループを持っている。

さて、私事だが、今年刊行予定の書き下ろしが、少々遅れている。この連載にも何度か「書く」と綴った、男子フィギュアスケートに関する本だ。

そのため、グランプリシリーズはＮＨＫ杯からの参加になる。今夏のトロント取材にも、行かなかった。

でも、資料はしっかり手元にある。翻訳したものを届けてもらった。長くなるが、「チーム羽生」の言葉を引用する。

ブライアン・オーサーの今夏の言葉だ。オリンピックへの思いが、たくさん詰まっている。

「私のところで練習をしているすべてのアスリートは、みんな新しいジャンプに取り組んでいます。小さい子も、ハーヴィ（ハビエル・フェルナンデス、スペイン。平昌オリンピックの有力なメダル候補）も、繰り返し四回転ジャンプを跳んでいます。

ユヅも同じです。四回転アクセルやルッツについて研究しています。夏季のトレーニングでいろいろ実験するのは、よくあることです。

実際の決断はまだ先ですが、二月（オリンピック）に、なにを取り入れるかを決めなければいけない。

ジャンプ構成は、現時点ではほとんど変更ありません。まだ確定していないんです。私より、ユヅが決める部分が大きいと思います。

プログラムは、戦略的に組み立てなければいけません。ほかの選手も四回転を入れてきますから。

でも、だからと言って、それが絶対に必要とは限りません。ユヅはもっとほかの方法で、差をつけることができます。

ヘルシンキの世界選手権は面白かったですね。同時に、たくさんのトップスケーターが見られました。

ウオームアップや練習を見ていれば、彼らのスキルの程度がわかります。パワー、熟練度などは、ハーヴィとユヅが際立っているように見えました。

それは成功の指標とも言えるでしょう。私は彼らの現状に満足していますし、自信があります。ハーヴィとユヅはいけると思います。

今はとても面白い時期で、選手がみんなスクランブルしている気がします。でも、ジャンプを突き詰めようとすると、怪我に繫がることにもなりかねません。

怪我は演技の質の低下に繫がります。とにかく、スマートに進めなければいけないのです。その上で競い合うのですから、ほんとうに難しいと思います」

名将、ブライアン・オーサーが言うように、平昌でいちばん怖いのは怪我だ。

私はフィギュアスケートの技術向上を、基本的に歓迎する。しかし、どんな場合でも、行きすぎはよくないと思う。

向上心と負けず嫌いとポジティブのかたまりである羽生結弦は、四回転アクセルさえ視野に入れている。

叶うのなら、当たり前だが、その成功を見たい。だが、彼がそれで怪我をするのなら、話は別だ。四回転アクセルは、必要ない。ぜんぜん、いらない。

ふたたび、オーサーの言葉だ。

「私はハーヴィとユヅに、彼らのベストを出してほしいと思っています。平昌へのプロセスを楽しんでほしい。

ふたりで大いに競い合ってもほしい。オリンピックの道をどうどうと歩いてほしい。彼らは十分に経験を積んでいますから、それが強みでしょうね」

オーサーは客観的だ。公平に語っている。でも、私は日本人だから、「ユヅ」を応援する。それはもう、もちろん。

＃21 ネイサン・チェンに会う

恋をしていますかと訊くと、ネイサン・チェンは顔を朱くした。耳の辺りまで、みるみる朱くなった。

視線が微かに、上下に振れた。いかにも照れくさそうだった。急いで、短く答えた。

「ＮＯ」

少し、驚いた。意外だった。

アメリカの少年って、こんなに純情なんだ。純粋なんだと、思った（ただし、恋の噂はもちろん、彼にもある）。余談だが、表現者は恋をたくさんしたほうがいいらしい。タチアナ・タラソワが、そう言っていた。

撮影のときのネイサンは、リラックスしていた。とても楽しそうに見えた。躊躇なく、自らポーズを取り、素敵に笑った。

カメラマンが何度か「クール」と言った。ネイサンはほがらかで、しなやかだった。頬は染まっていなかったし、照れてもいなかった。

もしかしたら、不意打ちだったのかもしれない。ネイサンには、恋の話なんてする予定はなかったのだ。きっと。

実を言えば、私もそうだ。アスリートと恋の話は普通、しない。訊かない。これには、仕掛けがある。『SPUR』サイドからの、リクエストだ。事前に受けた。「取材では、人柄に触れるアプローチもしてください」。

ゆえに、

「週末、友だちと出かけるときは、ジーンズ、ブーツ、スケボー用のスニーカーなどに、シャツを合わせています」

とか、

「スケート以外でクールなのは？　難しい質問だね。すぐには思いつかないけど、NBAの選手は格好いい。彼らの試合に臨むときのスタイルはクールだと思う」

とか、

「食事は、母がいつもバランスに気を遣ってくれる。タンパク質、炭水化物、野菜やフルーツを三分の一ずつといったふうに。

ただ、十八歳で成長期なので、制限はしていません。どちらかと言えば、小食にならないように気をつけているくらい。

そう言えば、以前、札幌に行ったときに食べたラーメンは最高だったな。すごく、おいしかった。僕、ラーメンと寿司が大好きなんです」

といった類の話をしてくれたのである。

フランクで、フレンドリーな姿勢は、やはり純粋さを思わせる。彼はとてもいい人だ。そう思う。

人は夢を語るとき、目に力を持つ。スケートについて語るネイサン・チェンが、ちょうどそんな感じだった。

「ヘルシンキの世界選手権では、六本の四回転に挑戦しました。僕はどんなときも、ポテンシャルを最大限に引き出す努力をしています。自分を追い込み、そこから学び、自分を高めていきたいんです。

ヘルシンキでは、期待していた結果にはなりませんでした。でも、プレッシャーや疲れ、ストレスのある中、どれだけ跳べるのかを試す貴重な機会になったと思っています」

話には、熱がこもっていた。ヘルシンキの興奮が甦る。彼のプライドと失意を思い出す。ネイサンは挑戦し、失敗し、六位になった。

私は訊ねる。四回転を六本。ここまで厳しい演技構成が、平昌オリンピックに必要なのか、どうか。

「状況によると思います。世界選手権は、明らかにいい結果ではなかった。オリンピックでは、同じ戦術が適切とは限らないでしょう。

コーチと話し合う必要もあります。オリンピックに向け、自分がどこまでやりたいのか。身体はそれに耐えられるのか。怪我をしないでいられるか。ほんとうに、それが最善なのか。じっくり検討する必要があると思っています」

ネイサンの声は低くて、太い。少年というより、大人の声だ。言葉は、より意味を持って聞こえた。

彼は、平昌で勝とうと思っていた。アメリカ代表が決まるのは、来年一月の全米選手権だ。出場できるかは決まっていない。でも、彼は、オリンピックで勝つつもりでいる。

「目標は勝つこと。金メダルを獲ること。もちろん。目標があるから、僕は頑張れる。これから、平昌へ向けて細かい部分を積み重ねていきたい。コンポーネンツやスピンのレベルアップをして、総合力のあるスケーターとしての自分を見せたいと思っているんです」

一つひとつ課題を克服してゆく。必要なのは安定した演技だと思うと、ネイサンは言った。

「全米選手権では、『安定した演技』を披露して代表に選ばれるよう、頑張ります」

アクシデントでもない限り、ネイサンは、アメリカ代表として大舞台に立つだろう。戦術がどうであれ、最善が何であれ、関係ない。彼はますます成長する。

ネイサン・チェンはジャンプの申し子だ。四回転を四種類持っている。四回転ルッツからコンビネーションジャンプを跳ぶことができる。常に安定しているとは言えないが、紛れもなく天才のひとりだ。

その彼が課題を克服すると決めている。強くならないはずがない。メダルの可能性が、ある。少なくとも、表彰台の近くにいる。

「最大のライバルは当然、日本の選手です。結弦と昌磨。厳しいトレーニングをしているし、努力をしている。

ふたりは、精神的にも強い。どんなにプレッシャーのかかる場面でも、ちゃんと演技ができる。学ぶところは多いと思う。

それから、パトリック・チャン。彼はほんとうにすばらしいスケーターだ。ハビエル・フェルナンデスもいる。

(世界選手権の)トップ六全員がそうだね。その日の調子によって、全員がトップになる力を秘めている。最後に誰がトップに立つのか。自分でも楽しみです」

フィギュアスケートファンではない人にも、彼の存在を知ってほしいと思う。ネイサン・チェンを知らないのは、あまりに惜しい。もったいない。

「今も忘れていません」

#22

私は、都築章一郎氏と話をしている。

都築は「伝説」の指導者だ。彼は佐野稔を育てた。彼らは、日本に史上初のメダルをもたらした。一九七七年東京で開催された世界選手権の銅メダルを、である。

都築の手元には資料がある。数え切れないくらいの名前が並記されている。皆、都築が関わってきた選手だ。

「教え子の教え子が先生になって、そのまた教え子が先生になって……。そういう形が今も繰り返されています。日本中で、循環しているんです。

今のように高いレベルを要求される時代になっても、きちんと対応できている。選手層が厚くなっている。それには、コーチの存在が大きいと思います。日本には、優れたコーチがたくさん育ちました。

そのきっかけ、礎になったのが佐野です。佐野の残した実績です。なかなか、皆さんにそう思っていただけないのですが、佐野がやりきったことは、ほんとうにすごい、ものすごいことでした」

都築が直接指導した子の中に、「ごく普通のやんちゃ坊主」がいた。のちにオリンピックの金メダリストとなる、羽生結弦である。

都築と羽生は、仙台で出会った。羽生が小学二年生のときだった。コーチのひとりから、こう紹介された。

「面白い子がいる」

「ちょうどその先生が北海道に行かれることになって、私に預けられたんです。その頃の印象ですか？　まだ、ぜんぜん。シングルアクセルをやっと跳んでいるようなレベルだったと思います。

技術的に素晴らしいとか、そういうのはまったくありませんでした。元気のいい、ごく普通のやんちゃ坊主だったですね」

だが、その普通の少年に、都築は言った。出会ってすぐに声をかけた。

「お預かりした当日だったと思います。『オリンピックの選手になろうね』と言いました。ただ、それは、仙台のリンクがそういう環境だったというのもあります。あのとき、荒川静香や本田武史がおりました。みんな、オリンピックを目指して一生懸命でした。羽生も末端ではありましたが、その一員だったんです。彼を見ているうちに、才能があるのがわかりました。だから、変わりました。『なろうね』から、『(オリンピックで) 頑張ろうね』に、です。それが、私たちの合い言葉でした。

羽生は仙台に強いこだわりを持っていました。仙台をとても愛していて、絶対離れたくないと言っていました。それは、彼のプライドでもあったと思っています。

ただ、ご両親は彼の将来について、いろいろ考えておいででした。仙台に残るか、新しい環境か、そういうことをです。正式な相談をお受けしたのは、あの大震災のあとだったと思います」

都築は、次のステップへの挑戦を提言した。それが必要だと話した。「世界に羽ばたくために」、そのときが来ていたのだ。

「ご両親とはよく話し合いましたし、信頼もしていただいたと思っています。提言は、今日の結弦の姿を見れば、方向性として間違っていなかったのではないかと思います。少しですが、自負するものもあります」

羽生を語る都築は、ほんとうに嬉しそうだった。表情が柔らかだった。ずっと、微笑んでいた。彼は羽生のことが誇りなのだ。

都築はそれから、手紙の話をした。以前に、羽生から届いた手紙についての話だ。

「結弦（都築は羽生の話をするとき、羽生と言ったり結弦と言ったり、した）は、こんなふうに書いておりました。

『先生の指導、学んだことは今も忘れていません。私は私の道を精一杯頑張っていきます。先生も先生の道を頑張ってください』

羽生が今も、私のことを現役のコーチとして見ていてくれるのは嬉しく思います。（自身で指導できない）寂しさもちょっとあります。

ただ、私は幸せ者です。今、とても多くの皆さんが、羽生結弦という存在を喜んでくださっている。スケーターとしてだけでなく、結弦が発信する言葉、行動、状況をさまざまに喜んでもらっている。そういう存在と、巡り合えた自分を幸せだと思うのです。

私の教えていた子どもが、『オリンピックで頑張ろう』を合い言葉にしていた子どもが、ほんとうにオリンピックで金メダルを獲ってくれた。フィギュアスケートに関わる人間として、これ以上の喜びはないと思います。これまでのスケート人生でいちばんのことでした。

羽生の金メダルを、震災に見舞われた方々もたいへん喜んでくださった。大きな苦しみの中にある方々が、です。羽生はそういった背景を背負って闘った。『ともに頑張ろう』という姿勢を、オリンピックで見せてくれた。彼の成長を、私はなにより嬉しく思っています」

一九三八年生まれの都築には、長いスケート人生がある。その都築に、羽生は、人生最大の興奮をもたらした。誰かの人生に、忘れられない痕跡を残すのはとても難しい。でも、それを羽生結弦は成し遂げた。

都築の言葉を借りて言おうと思う。羽生がやりきったことは、ほんとうにすごい、ものすごいことだったのだ。

「世紀のジャンプ」への挑戦

#23

ダブルアクセル－四回転トーループ。

二〇一七年十二月の全日本選手権で、宇野昌磨が挑戦したコンビネーションジャンプだ。決まれば世界初だったが、うまくいかなかった。トーループが二回転になった。

試合後、汗をいっぱいかいた顔で、宇野は言った。

「跳ぶ前から、失敗するのはわかっていたんですが、挑まないのは逃げることになるので。

皆さんの期待に沿える演技ができていないのが悔しく、情けなく、ほんとうに申し訳なく思います」

挑戦は、彼の永遠のテーマだ。ひとつできるようになると、もっと難しいことをやりたくなる。

ちょっとやそっとでは届かないところを、目標にする。選手でいる限り、その姿勢は変わらないだろう。苦しい生き方だ。

以前、彼は言った。

「やはり、人間って慣れるんですよね。どんなプログラムも、はじめは難しい。何をやるにしても、やったことのないことだと難しいと感じるんです。でも、実際にやってみると、やり続けていると、慣れてくる。それが当たり前になってくる。『当たり前』になったときが、自分の基準の上がったときだと考えて、次を目指すようになります」

今シーズン、全日本選手権に羽生結弦はいなかった。グランプリシリーズ、NHK杯で痛めた足の回復が遅れているためだ。

だから、宇野は自身と闘った。試合に勝つためになら、世界初のコンビネーションジャンプは必要なかった。

国内の大会で、宇野は負けない。力が違う。圧倒的に、だ。自分に勝つために、誰も成功させたことのない構成が必要だった。逃げられなかった。

「悔しい。情けない。申し訳ない」は、いかにも彼らしい言葉だ。宇野は、人の心に届く演技を、自身に厳しく求める。また、人が期待するものを、よく知っている。

会場で、試合を観ていた女性が言っていた。

「スケーティングは氷に吸いつくように力強く、スピードもほかの選手とは別格。でも、なんだかぴりぴりしたものが、感じられないよね」

「ぴりぴりしたもの」は、実際に足らなかった。具体的には、ショートもフリーもジャンプが決まらなかった。

宇野は、表裏のない性格だ。こういうときは、誰が、

「全日本選手権二連覇、おめでとう」

と声を掛けても無駄だ。ちっとも、喜ばない。否定する。

さらに言えば、彼はもともと結果にこだわらない。初優勝した昨シーズンも、そうだった。

「全日本チャンピオンという、プライドとか意識をお持ちですか？」

と訊いた際、こう答えている。

「そういうのは、まったく意識しません。一番になったのも、半分訳ありですから」

昨シーズンにも、羽生結弦はいなかった。インフルエンザで、欠場していた。静かな口調には、羽生へのリスペクトが感じられた。負けん気も感じた。それも、かなりの強さの。

試合に足りなかった「ぴりぴり」は、高まらないモチベーションが一因だったのかもしれない。

宇野を指導する樋口美穂子コーチは、話す。

「今日は、満足のいく演技ではありませんでした。課題がありすぎてちょっと、という感じです。（何試合か）連続して、ジャンプが決まっていないので。調子が悪いわけではないので、今後は構成をいろいろ考えていきたい。今回、ダブルアクセル、四回転トーループを入れると決めたのが直前だったので、少し練習不足だったかなとも思っています」

樋口に加えて、宇野には日本フィギュアスケート界の重鎮、山田満知子コーチもついている。オリンピックに向けて、しっかり仕上げてくるに違いない。

宇野は、樋口について、こんなふうに言っていた。

「美穂子先生は、僕のいいところをいちばん引き出してくれる。昔、『美穂子先生の振り付けがいい』と話したのは、すごく怖かったからなんですよ。別に、美穂子先生が怖いんじゃなくて、ほかの先生に習うのが怖かった。というのは、僕、ほんとうに覚えが悪いんです。

プログラムを覚えるのに、ものすごく時間がかかるので、美穂子先生しか、僕に付き合ってもらえないと思ったんです。

今はエキシビションとかをいろんな方に振り付けていただくようになっています。

それでも僕は、どれだけ僕に合った先生がいたとしても、これからも、ずっと美穂子先生のプログラムで、やっていこうと思っています。一生、です」

この信頼関係があれば、構成の変更は、難なく乗り越えられるだろう。練習不足も、そうだ。練習の多さは、宇野の代名詞にもなっている。何も、心配はいらない。

ところで、この大会は平昌オリンピックの選考会でも、あった。

二連覇を果たした宇野はもちろん、欠場した羽生も飛び抜けた実績で、文句なく選ばれた。ふたりには、もっと早く内定を出してもよかったくらいだ。

宇野のショートは「四季協奏曲より『冬』（作曲、アントニオ・ヴィヴァルディ）」で、フリーは「歌劇トゥーランドットより『誰も寝てはならぬ』（作曲、ジャコモ・プッチーニ）」だ。

振り付けはもちろん、樋口美穂子が担当している。美しいコスチュームは、一流の衣装デザイナー、伊藤聡美の手による。

これからに向けて、宇野昌磨は言った。

「何度も失敗を繰り返していますが、諦めるつもりはないので、次はいい演技をしたいと思っています」

24

夢を追いかけろ

二〇一八年二月。きっと、韓国が熱い。平昌オリンピックが始まっている。むろん、熱くなければいけない。韓国には、開催国としての責任がある。

もっとも、このエッセイを書いている時点では何も始まっていない。「羽生結弦が、トロントで練習を再開した」と公式発表された。そんな時期だ。

羽生は昨年のNHK杯で、怪我をした。以降、回復に努めた。年末の全日本選手権にも出場しなかった。

それはもちろん心配なことだったのだけれど、私はなんだか確信していた。羽生がオリンピックに間に合わないはずがない。ずっと、そう思ってきた。

羽生の身体は頑強ではない。それが心配だと彼の周囲は言っていた。怪我が怖いとも言っていた。

実際、ソチオリンピックのあと、羽生はさまざまに苦しんだ。だけど、そこで足踏みはしなかった。必ず、帰ってきた。世界最高記録だって、出してみせた。羽生結弦は、そういう選手だ。

だから、夢は見ない。想像する。平昌の喝采の中に立つ羽生結弦と、いちばん高いところに揚がる日の丸。

羽生のオリンピック二連覇に、強く期待する人がいる。都築章一郎コーチだ。都築と話をしていると、いつも胸を打たれる。彼は、とことん羽生結弦を愛している。誇りとしている。

平昌については、悠然と構えている。金メダルを期待している。明言する。

「私は、羽生がいちばん強いと思っています。彼は自分を信じている。信じる力が、ずば抜けている。その力をそのまま発揮すれば、いいと思います。

人間的な強さは、天性のものです。小さなときから備わっておりました。大人顔負けの言葉を使って、有言実行するという。

十一歳くらいで『オリンピックの金メダルが欲しい』と言って、ソチで見事に実現させました。

そういうところは、彼の魅力のひとつだと思います。ただ、今回はとてつもない重荷を背負っています。

取り巻く環境も違ってきています。これまでは、お母様が非常にうまくコントロールされてきましたが、今回ばかりはご苦労があると思います。

現在の羽生があるのは、ご家族、とりわけお母様のおかげです。

長い間、ほんとうに、よく支えてこられました。いろんな思惑からも、守ってこられたと思います。

彼も、そのあたりはよく理解しています。出演しているCMではありませんが、『お母さん、ありがとう』という気持ちでおります」

そう言えば、以前、羽生の母に尋ねたことがある。

「オリンピックの金メダリストで、国民的な人気のご子息といるのはご苦労が多いでしょうね？」

柔らかく微笑んで、羽生の母は答えた。

「さあ、苦労はどうでしょう。小さい頃から息子は息子ですから、母親としては気持ちは変わらないです」

結局、苦労については話さなかった。日常の様子などを、愉快に語った。とても、素敵な人だ。

でも、ソチ以降、羽生の人生は劇的に変わっている。家族の人生も少なからず変わったはずだ。変わらないわけがない。

母と子。それぞれの立場で重ねてきた苦労が、平昌で実ればいいと思う。

オリンピックは、才能だけでは勝てない。勢いが要る。強さは絶対だ。運にも大きく左右される。平昌のリンクに、必要なもののすべてが揃っていればいいと思う。

月並みだが、勝利は「ありがとう」に繋がっている。六十六年ぶりのオリンピック連覇なら、最高だ。

都築章一郎は続ける。

「ＮＨＫ杯での怪我は、四回転ルッツにトライした際のことでした。羽生の実力からすれば、四回転ルッツはどうしても必要というわけではありません。

だけど、彼の性格からすれば跳びたいというのもわかります。なにしろ、負けず嫌いが強いですから。

周りに、難しいジャンプを跳んでいる選手がいれば、やっぱり自分も跳びたくなるんだと思います。

なにしろ、『四回転アクセルの可能性がある』と自分で口にしているくらいですからね。

平昌では、冷静になって『勝負にこだわる』『結果にこだわる』戦いをするか、それとも夢を追いかけるか。

私は昔から、彼に『夢を持って』『夢を追いかけろ』という言葉を使ってきました。十二回も世界記録を塗り替えた羽生こそが、『未知の世界』に挑戦できるスケーターだとも思っています。

だから、彼の思うスタイルで、自由に戦ってほしいという願いはあります。願いはあるんですが、今回ばかりは……。

今、ほんとうにたくさんの方々が、二連覇を期待してくださっている。それは本人がいちばんよくわかっている。

だから、『勝負にこだわる』と『夢を追いかける』の選択では、前者を選ばなくてはいけなくなるかもしれません。総合的にまとめるという形を、です」

オリンピックのリンクには、夢と願いと、ある種の計算が入り混じる。その先にあるのが、栄光だ。

これが掲載になる頃、試合は終わっている。私は平昌にいる。次のエッセイを書いている。きっと、喜んでいる。

#25 平昌の金メダリスト

メダリストの席は、空いたままだ。記者会見は、遅れている。関係者が来て、言った。

「ミックスゾーンでの取材が先ですが、まだ始まってません。あと三十分くらいかかるかと思います」

太いレンズを持って、床に陣取っているカメラマンを除けば、私はいちばん前に座っていた。中央ではなく、銀メダル寄りの席だ。

その席から、通路がよく見えた。片手扉が開けっ放しになっているからだ。まずネイサン・チェン（だったと思う）が、ちらっとこちらを見て通り過ぎた。本田武史が嬉しそうに、ネイサンとは逆の方向に歩いていった。

それから関係者がまた前に来て、「ミックスが、十分前に始まりました」と、言った。すぐ後ろでは、海外の記者たちが話をしている。ロシア語なまりの英語だ。

「結弦は、『くまのプーさん』のティッシュケースを長く使っていたんだ。今回はケーキに替わっているけどね」

「くまのプーさん」のところは、アクセントの正しい日本語だった。びっくりした。それだけ、有名なのだと思う。

通路では、キャスターの櫻井翔がメイクを受けている。ちゃっちゃっと素早く、ブラシが顔をなでた。フィリップ・キャンデロロや松岡修造も、急ぎ足で通り過ぎる。

「三十分」は、そんなふうに過ぎていった。

それは、ちょっと不思議な時間だった。わくわく、する。羽生結弦が、オリンピックを二連覇した。六十六年ぶりの快挙だった。宇野昌磨が初出場で、銀メダルを獲得した。もうすぐ、彼らがやってくる。わくわくしないわけが、ないのだ。

少し前まで、私は試合を観ていた。泣いたり、リンクに向かい、声を掛けたりしていた。今はただ、幸せなだけだ。

会場には、宇野と銅メダルを獲ったハビエル・フェルナンデス（スペイン）が、先に入ってきた。続いて、羽生が真ん中の席に着く。三人とも、落ち着いている。浮ついたところがなかった。

羽生の鼻がかすかに赤みを帯びている。そこは、いつもと違っていた。流した涙が、雄弁に語っている。ソチオリンピックからの四年、怪我や病気が重なった。苦しい道を、彼は歩いた。でも、くじけなかった。負けなかった。だから、この日がある。

金メダリストに敬意を表して、ここからは、羽生結弦の言葉を綴ろうと思う。銀メダリストへの敬意は、次回に綴る。

羽生がいちばん先に口にしたのは、周囲への感謝だった。家族やコーチ、支えてくれたすべての人へ「ありがとう」。何もかもが、完璧な気がした。彼はつまり、そういう人なのだ。

ライバルに向けては、こう言った。

「多くの方々が、僕が（現状を）切り開いたと言ってくださるのですが、一〇〇パーセント否定します。

ボーヤン・ジン（中国）が四回転ルッツの扉を開いた。彼を追いかけることで、みんなが強くなっていった。それから、ネイサン・チェン（アメリカ）が出てきて、日本にも宇野選手というすばらしい存在が現れた。僕は、時代に恵まれたスケーターだと思っています」

ハビエルへの言葉は、賛辞に近かった。

「ハビエルがいなかったら、僕はカナダへは行かなかった。彼がいたから、トーループもサルコウも跳べるようになった。ハビエルの情熱を、いつも肌で感じていました。感情がなければ、練習はできない。彼がいなかったら、つらいトレーニングに耐えられなかったと思います」

会見の間、羽生はずっと微笑んでいた。とても、幸せそうに見えた。だから、場は和んで、居心地がよかった。

「ソチオリンピックのときは『勝てるかな』という不安しかありませんでした。無我夢中で頑張った。何も恥じてないし、悔いもない。でも、ソチでミスをしたのは確か。

平昌では、自分に勝てました。ミスを払拭できて、嬉しかった。今回、連覇の重圧は、とくに感じませんでした。何より、勝ちたい。そんな気持ちでいました。勝たないと、意味がない。大事に、大事に、結果を取りにいきました」

羽生のプログラムは、構成が変わっていた。トーループとサルコウを、四回転で跳んだ。ループとルッツは封印した。痛めていた足の影響だ。

「自分でも構成をどういうふうにしたらいいのか、何がベストかを悩みました。ただ、最終的には、跳びたかったジャンプが跳べたのでよかったと思います。怪我があったから、いろいろ考えて試合に臨めた。スケートを学び、ここに立てた。ソチからの四年は短いと言えば、短かった。なんだか、怪我ばかりしてましたね。

でも、フィギュアスケートに対して勇気を持って、恐れず、チャレンジをしてきた。この場所の真ん中で、また話せるのは、最高の瞬間です」

ほんとうに、ベストな選択だった。難易度を落としても、まったく影響がなかった。支配的に美しかった。フリーでは少しジャンプが乱れる場面もあったが、プログラムを壊さなかった。

羽生結弦のスケートこそ、フィギュアスケートの神髄である。技術と芸術が揃って、フィギュアスケートは美しい。その体現は、難しい。でも、彼にはできる。次のオリンピックについて訊かれたとき、羽生は、考えていないと言った。

「三連覇……、そんなに甘いものではないと知っています。でも、これからも、もうちょっとは滑ると思います」

会見が終わると、メダリストたちは来たときと同じように、片手扉から出て行った。あとには、優しい高揚が残った。

昌磨。昌磨。昌磨。

#26

昌磨。昌磨。昌磨。

リンクに向かって、叫んだ。自然に声が出た。何も思わず、応援した。韓国で開催された平昌オリンピックでのことだ。

大舞台の前、彼はこんなふうに言っていた。

「特別という意識をしないようにしようと思っています。誰もが憧れる夢の舞台なので、こういう言い方はよくないと思いますが、オリンピックもひとつの試合だと、自分では思っています。

オリンピックに出られるのを、すごく楽しみにしています。ただ、僕は、どんな試合にも全力で取り組みたいので、『オリンピックだから』というのは、とくにないです」

宇野はびっくりするほど、表裏のない性格だ。無防備に、思ったままを口にする。オリンピックが「特別でなかった」のも、正直なところだろう。

でも、観る側にとって、彼がいるオリンピックは特別だった。フリーの日には、緊張した。宇野は、ショートで三位につけていた。

大舞台の前、彼はこうも言っていた。

「『トゥーランドット』（フリー使用曲）で、表現したいものですか？　うーん、何だろう。

僕、あんまりイメージって作ったことがなくて。その時々に、自分が思った、感じた気持ちを表現しています」

フリーに臨む際、何を感じていたのかはまだ訊いていないので、わからない。だけど、あの日、彼はどこまでも宇野昌磨だった。そう、思う。

冒頭の四回転ループで転倒したあと、彼は笑った。まるで面白いことでもあったかのように、だ。勝負の懸かった演技中に、失敗して笑う。すごく意外な展開だ。わけがわからない。

気持ちが切れたわけでは、なかった。むしろ、笑みには力があった。彼はどんどん強くなっていった。

四回転フリップをクリーンに降りた。四回転トールーブからの連続ジャンプも、トリプルアクセルもちゃんと跳んだ。少し着地が危ないジャンプもあったけれど、信念で降りてみせた（そんな気がした）。

演技が終わったあとには、こう言った。

「自分に負けなかったので、よかったと思います」

結果はほんとうに、すばらしかった。彼は初出場で、銀メダリストになった。優勝したのは羽生結弦（オリンピック二連覇の偉業を達成）だったから、表彰式は夢のような光景になった。嬉しくて、幸せで、涙が出た。

会見に現れた宇野には、高揚を感じなかった。淡々と話をする。表情も、あまり変わらない。だけど、思いはしっかり伝わってきた。

「今日の演技に悔しさはないです。いい演技ではありませんでしたが、練習してきたことが出せたので、嬉しい銀メダルです」

それから彼は、やはりオリンピックに特別な思いはないと言った。

「僕にはそういうものがひとつもなくて。何もなくて」

率直に言って、珍しい姿勢だ。でも、それで何も問題ないと思う。選手には各々スタイルがある。とても熱心に練習をする。どんな試合にも全力で臨む。毎回、課題を見つける。そういうやり方で、彼はここまでやってきた。平昌オリンピックの銀メダリストになった。

「このメダルを大事にするつもりはないです。触りたい人がいれば触ればいいし、（首に）掛けたい人がいれば掛ければいいと思います」

徹頭徹尾、彼は宇野昌磨だった。独特の個性を持っている。褒められるのを、宇野はすごく嫌う。よく知っているが、言うしかない。魅力的な選手だ。とにかく興味深い。

オリンピック後に「したいこと」を訊かれ、宇野は、

「世界選手権に向けて、練習をしたい」

と答えた。二〇一七―一八シーズンの締めくくりが、イタリア、ミラノで行われた世界選手権だ。

この大会前、宇野は右足に故障を抱えた。公式練習では痛みのため、スタッフ

に背負われてリンクを出たことも、あった。

それでも、棄権はしなかった。なぜか。来シーズン（さいたま開催の世界選手権）の枠が懸かっていたからである。

ミラノに、羽生は出場していない。したくても、怪我のため叶わなかった。だから、宇野昌磨は絶対的なエースとして、ミラノに参戦していた。逆に言えば、彼がいなければ日本男子出場「三枠」は厳しかった。

ショートを、宇野は難度を落として戦った。五位からのスタートになった。直後に言った。

「枠のこともあるので、フリーは攻めたいと思います」

言葉通り、フリーは平昌と同じ構成で臨んだ。ただし、うまくいったとは言えない。フリップやループ、四回転に跳ね返された。三回も転倒した。

だけど、宇野は諦めなかった。向かっていった。コンビネーションジャンプを、終盤にまとめて跳んだ。三本連続して、跳んでみせた。そのうち一本は、四回転トーループからである。

会場は、沸いた。日の丸が、平昌のときのように揺れていた。断っておくが、演技自体は彼のベストからほど遠かった。得点も伸びなかった。「負けず嫌い」には、そうとう悔しい試合だっただろう。

だが、この試合にはそれを補う、美しさがあった。胸を震わせるような、熱さがあった。宇野の雄々しさは際立っていた。同時に、はかなさのようなものを感じさせた。

宇野はまだ二十歳だ。でも、深い情感を表現することができる。痛みは酷な経験だったが、ぜんぜん無駄にはならなかった。成長の糧に、なった。

それに、ミラノで彼は手にした。ネイサン・チェンに次ぐ銀メダルと、どうしても欲しかったさいたままでの「三枠」。

#27

メダルが誰の首にかかっていようと

宇野昌磨に、「メダルを噛みましたか?」と訊いた人がいる。

宇野はそれに、

「何の意味があるんですか」と返答した。そういう記事を、何かで読んだ。

オリンピックのメダルを最初に噛んだのは、一九八八年のソウルオリンピックに出場したオーストラリアの金メダリストだという説がある。それはともかく、今では多くの選手が普通に「噛む」ようになった。

だけど、それに特別な意味はなかった。いわゆる流行、一種のスタイルと言ってもいいだろう。むろん、噛む噛まないは自由だ。

宇野の返答は柔和で、ユニークだと思う。石川啄木ではないが、「雲」のようだ。無意識に、固定概念を覆す。天才、あるいは無敵とでも言おうか。

前号で紹介した、

「（平昌オリンピックの）銀メダルを大事にするつもりはありません。掛けたいという人がいれば、掛ければいいと思います」

という発想も個性的だが、よくよく考えてみれば、それはアスリートの視点だ。二十歳の宇野にとって、平昌は通過点にすぎない。銀メダルは、すでに過去になっている。執着する必要がない。そういう事実が、ちょっと変わった表現で語られているだけのような気がする。

さらに言えば、宇野は自身がよかったときに興味がない。さっさと忘れてしまう。記録より記憶に残る演技にこだわっている。

もっと言えば、オンとオフの切り替えが万全だ。日中は、厳しい練習をする。帰宅すればゲームに熱中する。睡眠と食事の時間を除けば、ほぼゲームをしている。

過去、宇野に訊ねたことがある。

「選手は、競技を忘れたくてほかのことをすると聞いたことがあるのですが、宇野さんもそうですか？」

彼は笑いながら、答えた。即答だった。

「いや、それとは関係なく、です。僕はとにかく真剣に、毎日ゲームをやっています。楽しんでいるという域を超えている感もあります」

宇野にとって、フィギュアスケートとお気に入りのゲームさえあれば、ほかは大した問題ではないのだ。

他意なく、言う。うらやましいくらいの青春だ。競技生活に苦悩が伴うのは、知っている。

だが、彼は、何も迷っていない。欲しがっても、いない。それは、宇野の強みでもあるだろう。

そう言えば、彼は好きなものしか食べない。朝、昼、晩、三食、肉だ。この徹底した姿勢は、「食生活で気をつけていることはありますか」と訊ねたときに判明した。

「もちろんありますよ。食べたいものを食べたいときに、食べたいだけ食べる。太るのは嫌なので、ご飯の量を減らすことはあります。それなりに。でも、嫌いなものは食べません。野菜は一年に一度食べるかどうか。

好きなのは、肉です。牛。ほんとうに三食牛肉ですよ。これ冗談でもなんでもなくて」

そんなアスリートはあまりいない。いくら若くても、それでいいわけがない。身体が心配だ。偏食が過ぎている。

だけど、彼はほがらかに続けた。ちょっぴり目元が笑っている。

「僕、健康診断の結果はよかったんです。栄養のバランスが取れてたみたいで」

すぐに反論する。

「バランスは取れていないと思いますが」

「それが取れていたんですよ」

不毛なやりとりは、同席していた編集者の「まあ、ライオンは肉からビタミンを摂りますからね」という発言で、唐突に終わった。宇野も私も、何か反論できるほどライオンに詳しくなかったのだ。

だいぶ話が逸れた。書き始めたときは、オリンピックのメダルについて書くつもりだった。メダルそのものが重要なのではないという話を、だ。

宇野昌磨の姿勢は、髙橋大輔のそれに少し似ている。髙橋も、メダルについては実に淡泊だ。

髙橋は、バンクーバーオリンピックで銅メダルを獲得した。それは、日本男子フィギュアスケート史上初のメダルだった。

「三番と四番では違うんですよ。メダルが獲れるか、獲れないか。その差は大きい。あんなにひやひやしたことはありませんでした」

髙橋はそんな思いで、メダルを手にした。当時の嬉しさや安堵感、周囲への感謝は覚えている。

にもかかわらず、銅メダルが「現在、どこにあるか」については、承知していなかった。

「え、どこだろう。僕は持っていないはず。会社にはない？　そうすると関西大学かな？（現役時に獲得したメダルは）いろんなところに置かせてもらっていて、コーチのところや友達の家にもあるんです」

結局、そのときはメダルの所在はわからなかった。

「もう結果が出ていることなので、どこにあってもかまわないというか。なくなりさえしなければ、別にそれでいいと思っています。

現役の頃も、メダルに執着はしていませんでした。満足してしまうとモチベーションもなくなりますしね」

成績よりも納得のできる演技。選手はたぶん、みんなそうだと思いますよ、と髙橋は言った。

トップアスリートにとって、メダルは至宝ではなく、経過に近いのかもしれない。美学の象徴、あるいは裏付けと言ってもいいだろう。

いずれにせよ、その価値は不動だ。メダルが誰の首に掛かっていようと、どこに保管してあろうと、持ち主への敬意と称賛は変わらないのだから。

◎ スケートは人生だ！

2018—2019 season

髙橋大輔、2018年西日本フィギュアスケート選手権のフリースケーティング。
写真：坂本 清／アフロ

ルールがまた変わる

#28

二〇一八―一九シーズン、フィギュアスケートのルールが、また変わる。六月にスペインで行われる国際連盟の総会で、決定する予定だ。

男子シングルで言えば、フリーの演技時間が四分半から四分になる。ジャンプの数が八から七に減る。

ジャンプの基礎点が引き下げられる。ＧＯＥ（出来ばえ点）が、プラスマイナス三から、プラスマイナス五に変わる。（一・一倍の得点が与えられる）演技後半のジャンプに制限が設けられる。

ルール変更のたびに、誰々に有利だ、不利だという取り上げ方がされるが、選手にとっては、あくまで個人の問題だろう。

彼ら、彼女らは決められた中で試合をしてきた。これまでも、これからも、そこは絶対で変わらない。すべてを受け入れ、戦うしかないのだ。

私は基本的には、技術の向上を歓迎している。ジャンプの爽快さに、長く魅了されてきた。ただ、そのために選手が怪我を負う事態になるのなら、話は別だ。変わってくる。

私はまた、フィギュアスケートの芸術性を愛している。だから、ルールが変わることで、プログラムが熟成するのなら嬉しい。楽しみだ。

ずいぶん前に、カタリナ・ヴィット（一九八四年サラエボ、八八年カルガリーオリンピック二大会連続金メダリスト）がこんなふうに話していた。

「九二年くらいから、選手の年齢層が低くなってきて、ジャンプを盛んに跳んでいるけれど、彼女たちには芸術的な表現は無理だと思う。本当の意味での表現力は、さまざまな経験を積んだ後に出てくるものだから」

近年は、若い世代の表現力も上がってきていて、「無理」と一括りにはできなくなっている。でも、ヴィットの指摘には頷ける。今も通用すると思う。

たとえば昨シーズン、カロリーナ・コストナーはショートを「Ne Me Quitte Pas」で、たおやかに踊った。香り立つように美しく、だ。

コストナーは、「本当の意味での表現力」を持つ選手である。だから、「Ne Me Quitte Pas」がよく似合った。

ヴィットは、こうも言っていた。

「オリンピックで勝ち続けていた頃、私はとても安定していてミスをしなかった。技術と芸術性のバランスに優れた演技がジャッジは好きだったのだと思うわ。大切なのは、個性に合ったプログラムを選択すること。ファッションと同じで、自分に似合わないものを着ていたらおかしいでしょう」

複数の四回転を跳ぶのが、ある意味「当たり前」になった現在を、少し変えよう。質を追求しよう。今回のルール変更を、そういうものだと私は考えている。ただ、それがどんな「モード」になるのかは、まだわからない。

技術と芸術の融合は、フィギュアスケートの醍醐味だ。新しくなるGOEには、大いに注目したい。プラス五の評価を受ける演技って、どんなふうだろう。わくわくする。

ところで、過去、タラ・リピンスキー（九八年長野オリンピック金メダリスト）

が、こんなことを言っていた。

「若いからという理由で、ジャンプの練習を禁止したって意味がないわ。みんなするに決まっているもの」

女子は男子より先に、技術的なピークを迎える。十代半ばで、金メダリストになるのも珍しくない。とにかく、ばんばん、ジャンプを跳ぶ。

昨シーズンのアリーナ・ザギトワもそうだった。しかも、後半にすべてのジャンプを集中させた。戦略は功を奏し、ザギトワはオリンピックチャンピオンになった。

構成は偏っていたが、ザギトワのプログラムは卓越した才能と体力の賜物である。基礎点が下がるからといって、厳しく質が求められるからといって、彼女は簡単には挑戦を止めないだろう。高いレベルでも、質は追求することができる。

このあたりの話を、都築章一郎コーチとした。むろん、羽生結弦にからめて、である。

「これはダンスの世界でもそうですが、ルールは選手が変えていく。組織が作るものではなく、選手が変えるんです。

ロシアの場合、アイスダンスがそうです。選手がどんどんレベルを上げていき、新しいテクニックが生まれ、新しい考え方が生じる。それがロシアの姿、強さでもあります。

ＩＳＵにはＩＳＵの考え方があり、ルールはルールとして守らなくてはいけない。でも、ルールに則《のっと》ったレベルというものは、そう高くはありません。

羽生にしても、フィギュアスケーターとしての理想像は持っていると思います。そして、理想を追求するためには、挑戦し続けていくしかない。

採点をするほうが作るルールは、できるだけ皆が同じようにできるよう考えられている。フィギュアスケートの未来に関して言えば、そんなルールはあってはいけないと思います。ないほうがいい。

さまざまな規制があっても、それを上回る選手が必ず出てくる。羽生は、間違いなくそういうタイプの選手です。

どこまで挑戦してくれるのかを、コーチの立場として楽しみにしています。私たち専門家からすれば、彼のトリプルアクセルは、四回転も十分に可能な跳び方です。

今の時代は、どのスポーツもそうですが無限ですよね。どうなるのかわからなくなるくらい、人は挑戦していく。

羽生も、いつか四回転アクセルに挑戦する姿を見せてくれるんじゃないですかね。心の中では、そう考えているんじゃないでしょうか」

羽生結弦は、五月に行われたショーで、トリプルアクセルを跳んだ。怪我は、少しずつ癒えている。挑戦を止めない彼の新しいシーズンは、果たして。

#29 アイスショーに揺さぶられる

幕張メッセで行われたアイスショーに行ってきた。ファンタジー・オン・アイス。羽生結弦も出演するショーだ。

彼はトリプルアクセルを跳んでいた。でも、まだ四回転は跳んでいなかった。トーループとサルコウの練習は始めていますよという時期だった。

羽生がすごいと思うのは、リンクに登場するだけでそこが特別な場になることだ。難しいジャンプがなくても、惹きつけられる。とても、贅沢《ぜいたく》な感じがする。

ソチオリンピック以降、羽生は「絶対王者」であるのを自身に厳しく課してきた。でも、今は羽を休めるときだ。

平昌で二度目の金メダリストになって、彼は解放された。誰だって、知っている。羽生結弦は「絶対王者」だ。美しさと風格を持ち合わせている。闘志とスマートさも、だ。

これから、彼について話を、さまざまにする。過去の話も混ざる。だいたいは近年のアイスショーの話だ。

二〇一五年「ＳＥＩＭＥＩ」の誕生したシーズンについては詳《つまび》らかにする。羽生の現在は、あのシーズンから始まった。少なくとも、私はそう考えている。

オリンピック後のシーズンを、休養に充てるメダリストは少なくない。羽生も、言われた。「一年、休めば？」と、関係者から。

だが、彼は休まなかった。そして、大いなる夢のために、「ＳＥＩＭＥＩ」を選んだ。この選択は、至善だった。世界最高点を続けて更新した。自らを進化させた。どんどん大きくしていった。

たしか、プログラムはもうひとつあったと思う。フリースケーティング用に振り付けられた、ＴＨＥクラシックな曲だ。

だけど、彼と彼のチームは迷わなかった。二〇一六年二月には、平昌での使用曲を決めていた。むろん、「ＳＥＩＭＥＩ」にである。

平昌での彼は、正直なところ、何とも表現しがたい気配だった。冷たくて、熱い。柔らかくて、硬い。細くて、太い。たとえれば、そんな感じだ。

私は試合を、祈りながら観た。でも、心のどこかで、彼が絶対に失敗しないと「わかって」いた。羽生結弦の「ＳＥＩＭＥＩ」には強い説得力がある。放たれるオーラが違う。

さて、ショーの話だ。記憶をたどるのは、あまり難しくない。わりと簡単だ。取材では、メモを詳細に取る。写真も撮る。事前に了解を得て、録音もしている。音声データは、とにかく貴重だ。大切に保存している。

二〇一五年のショーには、（全公演ではないが）ブライアン・オーサーが同行していた。オーサーは、長靴を履いてリンクに立っていた。そこへ、羽生がするすると滑っては近づき、すっと離れていく。花と蝶のようだ。

観客席には、誰もいない。時刻は、十二時を少し回ったくらいで、開場は十八時からだ。時間はたっぷりあった。

羽生は、ものすごく真剣に練習をしていた。お昼ご飯は、まだ食べていない。練習を終えたら、街に食事に出る予定だ。タクシーが迎えに来ることになっている。

リンクにはエフゲニー・プルシェンコもいる。何度も、ジャンプを跳んでいた。羽生がジャンプを跳べば、彼も必ず跳んだ。

ふたりはまるで、競争しているように見えた。四回転合戦とでも言うべきか。試合ではなかったが、彼らはきっちり戦っていた。

用意されていた席に座っていると、一列前にプルシェンコの関係者（ロシア人だ）が数人来て、座った。長い髪の女性が、タブレットで動画を撮り始める。ショーの最中も、撮影を止めようとしなかった。何度も係員が注意に来たが、まったく動じなかった。

彼女は、羽生を撮らなかった。プルシェンコやほかの選手は撮っていたが、羽生の演技のときは、タブレットを膝に置いた。

ちょっと驚いて、それから思った。戦いは、いろんな形態をしている。羽生は、意識されている。それくらい、重い存在なのだ。強いのだ。

さらに言えば、「意識」されるのは当たり前に過ぎなかったし、ある意味、光栄なことかもしれない。

意識しているのは、皇帝プルシェンコの関係者である。相手にとって不足はない。ふたりは、フィギュアスケート史に輝く巨星である。そういうわけで、私はちっとも悔しい思いをしないですんだ。

ところで、二〇一五年のショーでは、カレーやお寿司などが人気で、ラフなスタイルをした出演者たちがそれぞれ楽しんでいた。

彼らはショーが終わるまでは、あまり能弁ではない。私服に着替えて、キャリーバッグを引きながら、ホテルに帰る頃になると、笑顔がこぼれる。

大胆に背中を見せたトップスを着た出演者は、「セクシーだね」とか「似合っている」とか「どこで買ったの」とか、話しかけられていた。

彼らは一団になって、出口付近で迎えの車を待っている。外は、雨が降っている。横を通り過ぎるとき、誰かがつけているらしい香水の、いい香りが薄く、した。

羽生結弦は、その一団にはいなかった。ショーが終わった直後、たまたま彼は私の立っていた通路に現れた。

高揚した顔で、汗をびっしょりかいていた。ぽたぽたと垂れるくらいの汗だ。通路を歩いてゆく背中に、熱い興奮が濡れたように張りついていた。

あの日、彼はすばらしかった。感動した。でも、現在とは同じではない。今は、なんだか、もっと揺さぶられる。大きな困難を乗り越えた人。高い目標を達成した人。そういう人たちにだけ許される、光のようなものを彼は身につけた。

羽生結弦のスケートは、変わり続けているのだ。美しい方向に、まっすぐ。

自分らしくあるために

#30

ニュースを見ている。大勢の記者が集まっていた。テレビカメラが何台も、回っているようだ。

フラッシュが幾重にも重なって、光る。その中心に、髙橋大輔がいた。スーツを着て、きちんとネクタイを締めている。キャスターを務めていた頃のような雰囲気だ。氷上の彼はもちろん素敵だが、こういうスタイルも悪くないと思う。きりりと苦くて、クールだ。

「現役に、復帰する」「(引退後)四年を過ごしていく中で、『次に進むために、もう一度現役で』と思った」

「これまでは『期待にこたえたい』という思いでいた。これからは『自分自身のために』やっていきたい」

「フィギュアスケートが軸にないとだめ。今後、生活していく上でしっかりしたものを持っていたいと思う。そうでなければ、自分らしくいられない」

かいつまんで言うと、髙橋はそんなふうに語っていた。聞きながら胸が弾んだ。思い出す。髙橋大輔は、現役の頃、わくわくさせるのが上手な選手だった。

彼は、日本男子初のオリンピックメダリストだ。二〇一〇年、バンクーバーオリンピックで、銅メダルを獲得した。

ファンはいつも、夢を髙橋とともに追いかけていた。今だって、彼の「試合」を観たい人はたくさんいるだろう。私も、そうだ。復帰を歓迎する。困難に立ち向かう。挑戦を、やめない。そういう人が、とても好きだ。

過去、髙橋は自分の姿勢を、「追いかける」だと言っていた。彼は、自己否定が得意で、自らを「勝者」にしない。まったく認めない。そういうスピリットで、今度もとことん追いかけるのだと思う。

さらに、こうも言っていた。

「怪我をしていた頃（二〇〇八年、右膝前十字靭帯断裂および半月板損傷。フィギュアスケートではあまり例を見ない重傷。二〇〇八―〇九シーズンの試合を欠場）は、つらいとは思わなかったんですよ。先も見えていましたし。スケート人生でいちばんつらかったのは、引退前の二年間です。もうちょっと頑張れたらよかったかなって思います」

その二年をひとことで言えば、彼は不運だった。怪我も重なって、思うような戦いができなかった。心を残す試合もあったろう。想像に難くない。

引退後の髙橋は、華やかな成功を収めている。アイスショーでは喝采を浴びたし、メディアやダンスの公演でも活躍した。ただ、それでは胸にくすぶる思いは消せなかった。

会見で、彼は言った。

「これが自分のほんとうにやりたいことなのかな、という気持ちが膨らんできた」

残り火は、燃え続けていた。だからこそ、ひりひりするリンクが必要だったのである。髙橋が髙橋らしくいるために、絶対。

ところで、髙橋は現在三十二歳になっている。三十二歳はフィギュアスケーターとしては高齢だ。三十歳を過ぎても活躍した男子選手と言えば、ロシアの「皇帝」、エフゲニー・プルシェンコ（二〇〇六年トリノオリンピック金メダリスト、二〇一四年ソチオリンピック団体金メダル）がいる。引退したのは、三十四歳だ。

プルシェンコは、いつからか持病のように重い怪我を背負っていた。何度か、休養を余儀なくされている。復帰が成功したシーズンもあるし、そうでなかったシーズンもある。はた目にはよく見える結果も、彼が納得しないのなら失敗と呼ぶしかない。

プルシェンコは、二番では喜べないタイプだった。たとえば、バンクーバーでは不満を隠さなかった。不愉快そうに、銀メダルを首からはずした。

プライドが高く、メンタルのものすごく強い選手だった。卓越した才能を擁していた。どこから見ても、天才だった。彼は徹底して、我が道を歩いた。長く現役であるのが「若手の育成の妨げになる」と批判されても、屈しなかった。

彼は「自分自身のために」、奔放なスケーターであり続けた。一方で、それはロシアの力の誇示にもなった。

人生は、倫理や法に触れない限り、どこまでも自由であるべきだ。だけど、自由であるためには、けっこう勇気がいる。半端ない努力が必要だ。背負うものも、多い。大きい。

髙橋大輔は、そんな厳しい選択をした。スケートがどれくらい戻っているかは、まだわからないが、彼はかっこ悪いことが嫌いだ。

だから、きっとグルービーな演技（これは昔から、そうだ）を披露するのだと思う。もしかしたら、こんな言葉がヒントになるかもしれない。

「僕はアイスダンスが好きなので、よく観ていたりします。ミッシェル・クワンが好きで、フィリップ・キャンデロロが好きで、ブライアン・ボイタノが好きで……」

芸術性に富み、ミスをせず、個性的で、美しいイーグルのある演技なら、最高だ。いずれにせよ、現在に求められているのは質の高い内容であり、構成である。四年のブランクをどう縮めるのか。年齢のハンデをどう乗り越えるのか。どう魅せるのか。どんなジャンプを跳ぶのか。興味は尽きない。

日本のフィギュアスケートは、絢爛の時代を迎えている。とくに男子は強い。羽生結弦と宇野昌磨がいる。平昌オリンピックの金メダリストと銀メダリストだ。

髙橋が、ふたりにいきなり追いつけるとは、思わない。彼らはとにかく、美しい。飛び抜けている。それを百も承知で、髙橋は戻ってきた。誰のためでも、ない。ただ自分自身のために「追いかける」。姿勢は独特だ。すごく、かっこいい。

今号掲載の原稿を書き終えた夜、デニス・テン選手の訃報に接しました。カザフスタンの英雄。ソチオリンピックの銅メダリスト。まだ二十五歳でした。「暴漢に襲われて」と知り、残念では言い尽くせない思いです。言葉がありません。明るく、優しい笑顔を覚えています。これからも変わりません。ずっと、覚えています。テン選手のご冥福を、心からお祈り申し上げます。

「たいへん」がたくさん

#31

宇野昌磨（二〇一八年平昌オリンピック銀メダリスト）が、話していた。新進気鋭の友野一希（一八年ミラノ世界選手権五位）も言っていた。「たいへん」「難しい」「もっと練習を重ねなければ」。新しいルールついての感想だ。

二〇一八―一九シーズン、フィギュアスケートのルールはけっこう変わった。簡単に紹介するとこんな具合にである。

男子のフリースケーティングの時間が三十秒短くなった。ジャンプを跳べる回数は、八から七になった。

ジャンプの基礎点が下がった。三回転もそうだが、四回転の下げ幅が大きい。だいぶ減っている。

たとえば、アクセルは旧ルールの十五点が十二・五点になった。マイナス二・

五には、ちょっとびっくりする。

　演技後半のジャンプは、最後の三本のみ（ショートプログラムは最後の一本のみ）が一・一倍になる。

　さらに、四回転ジャンプの繰り返しは一回までとなった　これまでマイナス三からプラス三だったＧＯＥは、マイナス五からプラス五の幅になる。

　これらを踏まえ、国際スケート連盟ジャッジ、吉岡信彦氏に訊く。

「新ルールについて、羽生選手も『たいへん』と言うでしょうか？」

　吉岡は少しも間を置かず、答えた。

「言うでしょうね」

　なるほど。絶対王者にとっても、変更は難題なのだ。よりよい形を探さなければならないのだ。

「今季は、素敵な演技が多く観られるシーズンになるのでは、と思っています。ルールが変わって、プログラムの完成度、質を上げていくという方向に進んでいく。

　個々の選手は、『これが自分の最高の演技だよ』というところに近づこうとする。

表現とか芸術性とか、細かい部分を詰めていくのは『たいへん』ですし、時間もかかります。

だから、選手は今までよりもさらに努力をする。いいものが観られると思います。フィギュアスケートって素敵だなと思えるような演技が、たぶん」

ここから、その新しい「素敵」に焦点を当てていこうと思う。すなわち、新ルールについて、徹底的に話をする。

ルール変更が発表されたとき、思った。三十秒を減らされたら、構成が難しい。助走の長い選手は苦労するのではないか。

吉岡は話す。

「もともとストレスなくジャンプを跳べている選手、助走が短くどこからでも跳べる選手は、比較的有利と言えるでしょう。

助走を長く取れば、どうしてもその分、プログラムが詰まるというか、表現する時間が削られてしまいます。

ジャンプには、十秒とか十五秒しかかかりません。ひとつ減ったところで、余裕は生まれない。

ジャンプの成功率には、そんなに影響はないと思いますが、スケーターとしてのレベルの違いはわかりやすくなるでしょうね」

ならば、それは質を高めようという流れからはずれはしないのだろうか。

「ジャンプを一個減らしただけという状況で言えば、逆行すると思います。ただ、GOEのプラスマイナス五は、間違いなく質を高める方向に働きます。ISUが求めている方向に動いていく。

結果的には、選手の調子のよし悪しの差が、ものすごくはっきり出る形になるんじゃないかな。

これまで、多少失敗してもあまり点が落ちなかった選手でも、大きく落ちるということが起こり得ると思います」

GOEについても、訊ねた。昨シーズンにプラス三評価を受けていた美しいジャンプは、そのままプラス五の評価を受けられるのか、どうか。

「全部が全部、そうはならないと思います。今、世界トップクラスの選手の点数の詳細を見ると、プラス三が多く見受けられます。だけど、今後はそこのところで差がついてくる。

これまでは、プラス三までしかなかったから、もう少し点を出したくても出せなかった。これからは出来がよければGOEでプラスをたくさんもらえるし、出来が悪かったらたくさん減らされますよ、ということです。

最終的にはジャンプの完成度を高めていかないと勝負にならない。やっと降りられるようになりましたというジャンプでは、失敗したときの影響が大きいですから。

たとえば、高さと距離の出ない選手は、プラス五はかなり厳しい。ほとんど無理だと思います」

たしかに、ジャンプにおいては、高さと飛距離、踏み切りと着氷、独創性、姿勢のよさなど、プラス五に必要な要素が六項目で定められている。

「なので、ジャンプの低い選手は、もうその段階でプラス三までしかいけない。要は、うわー、すごいな、綺麗だな、このジャンプって思わせればいいんです」

そう言って、吉岡はちょっと笑った。

なるほど。私は、またそう思う。新ルールは、しっかり質を求めている。だから、選手はますます「素敵」に磨きをかけていくのだ。

ところで、新ルールでは四回転ジャンプの基礎点の幅が縮まっている。トーループからルッツまで、二点の幅である。これについても、ぜひ訊かなければならない。どういう意図があるのか。

「ジャンプの種類を増やさせたい一方、ジャンプ大会にはしたくないということで……」

吉岡の話は続いている。実に、興味深い。私はそれからも、ルールに関する質問を続けた。羽生結弦や宇野昌磨の話も聞いた。現役復帰した髙橋大輔の話もした。友野一希の話も、だ。

三年目に入っているこの連載で、初めてのことをする。以下は次号に綴らせていただきたい。その頃は、もう試合が始まっている。でも、私にはまだ「素敵」に対する備えが足りないのだ。

かなりの無理難題

#32

国際スケート連盟（ＩＳＵ）ジャッジ、吉岡信彦氏と話をしている。フィギュアスケートのルール変更についての話だ。二〇一八―一九シーズンから施行されている。

男子の場合、フリースケーティングの時間が三十秒短くなった。ジャンプを跳べる回数が八から七になった。ジャンプの基礎点が下がった等々、細部にわたって変わっている。

吉岡は話す。

「四回転ジャンプの基礎点も縮まっています。トーループからルッツまで、二点の幅になりました。

ジャンプの種類を増やしたい一方で、ジャンプ大会にはしたくないということで、ベースバリューを抑えた。

挑戦はしてもらいたいし、跳んだ者勝ちになるのは嫌だし、プログラム全体の完成度も上げさせたいしで、バランスを取るのは難しかっただろうと思います。ＩＳＵは苦労したんじゃないでしょうか。

ただ、実際、それがどんなふうに作用していくかはまだわかりません。少し観た限りでは、リスクを避けてプログラムの完成度を上げていくという感じなのかな。

まあ、バンクーバーオリンピック（二〇一〇年）の頃の『四回転を跳ぶのは、ばかばかしい』みたいなところまでは戻らないと思います」

バンクーバーオリンピックでは、四回転を跳ぶのか跳ばないのかが焦点になっていた。たとえば、エフゲニー・プルシェンコ（ロシア）は、何度も成功させた。メダル候補だったブライアン・ジュベール（フランス）も挑んだが、跳ね返された。

優勝したのは、エヴァン・ライサチェク（アメリカ）だった。四回転は跳ばなかった。演技の完成度で勝負した。だけど、今はもう完全に四回転の時代になっている。あのときとは、違う。

「昨年は、サルコウとトーループ、二種類四本跳べば、なんとか勝負にできた。今年は二種類なら三本、それではちょっと戦えない。それ以上難しいジャンプはいらないというよりは、『最終的には、跳ばなきゃね』『跳ばないと勝負にならないよね』と選手は考えていると思います。

そういう風潮はすでにできあがっていて、そこが止まることはおそらくない」

ところで、基礎点は四回転アクセルも下げられている。旧ルールで十五点だったのが、十二・五点である。

ＩＳＵも、前人未踏のジャンプまで下げるのはいかがなものか。ＧＯＥの評価の幅が広がり、プラス五になったとは言え、失敗すれば大きな痛手になる。転倒してＧＯＥがマイナス五になった場合、得点は六・五だ。どうも、納得がいかない。勇敢な挑戦には、相応の敬意が払われるべきだろう。

吉岡は、ほんの少し笑った。

「なぜ、失敗が前提なんですか？」

もちろん、失敗を前提としていたわけではない。実を言えば、ちょっと悔しかったのだ。

このとき、私は「羽生結弦」を念頭に置いて話をしていた。彼は以前から、四回転アクセルへの挑戦を明言している。その挑戦が、軽んじられたような気がしたのである。

「羽生が試合に、クワドのアクセルを入れるというのは、プログラムを壊さずに『降りる』ということだと思います。

彼は転ぶなんて考えていませんよ。降りる前提で話をしている。エキシビションのアンコールみたいな状況の中で、遊びで跳ぶといった話ではありませんから。

ＩＳＵのほうにも、『完成度の低いものは入れないで』『入れる以上はちゃんと完成させてよね』という思いはある。そういう意味でのベースバリューであり、ＧＯＥ評価なんだと思います」

きちんと降りて、プラス五を取ればいい。すべてにおいて、完成度が左右する。つまりは、そういうことだ。私見だが、ＩＳＵは、かなりの無理難題を言っている。

「より『わかりやすくした』だけなんだと思いますよ。旧ルールでは、難しいジャンプも比較的易しいジャンプも同じプラス（プラス三）しかもらえなかった。今後は、難しいジャンプの出来がよければその分余計にもらえる。その代わり失敗したら、もともと基礎点が高いんだから、その分は余計に減点しますよっていう。

ジャンプの難易度に対してプラスマイナスが同じ割合でかかるようにしたのが、新ルールなんです」

新ルールでは、音楽との調和がさらに求められる。ステップはとくにそうで、「音」をはずした瞬間、プラス四もプラス五もなくなる。もらえない。

スピンはステップほど厳しくはないが、曲と調和しないのは美しくない。いくらスピードがあっても姿勢がよくても、完成度が高いとは言えまい。

こうしたわけで、選手たちはたゆまず研鑽を重ねる。観衆は、さらに優雅になったフィギュアスケートを観る。それが、二〇一八―一九シーズンだ。たぶん。

最後に、選手について話をした。羽生についてはこんな話を、聞く。

「クワドのアクセルを入れる入れないは別にして、それをどんなふうに仕上げてくるのか。もともと持っている高い感性にどう磨きをかけるのか。

彼は、音にぴったり合わせつつ、ポジションを自在に変化させることができる。今シーズンは、そういうコアな部分をすごく詰めてやってくると思うので、とても楽しみにしています」

しばらくの間、選手は苦労するかもしれない。でも、彼らはきっと報われる。多くの拍手を得る。新たな感動を生み、興奮を呼ぶ。

目をこらして、細やかにフィギュアスケートを観よう。だいじょうぶ。選手は関心を集めるのには慣れている。

大人の風格

#33

兵庫県、尼崎市に来ている。十月にしては、ずいぶん暑い日曜だ。少し動くと汗が出る。でも、風は強く吹いて、ときおり暮秋を思い出させた。

タクシーに乗り、行き先を告げると運転手が言った。

「今日は大ちゃんですか？　お客さんで、もう三度目ですわ、メディアもいろいろ来ているらしいですよ」

私は「尼崎スポーツの森」に行こうとしていた。髙橋大輔が出場する「近畿フィギュアスケート選手権二〇一八」に、である。

この試合を開催するにあたっては、だいぶ苦労があったらしい。日本スケート連盟事業部が、「何らかの制限を設けないとさばききれないと話していた」と聞いたのは、八月のことだった。

会場には、多くの人が集っていた。入り口付近には、余剰チケットがないかと探している人たちも、いた。

チケットは無料から、全席指定の有料（二〇〇〇円）に変更されていたが、七日のショートプログラムも八日のフリースケーティングも一枚も残っていなかった。

「客席の半分が関係者席なので、正確な入場者数はわかりませんが、販売したチケットは一五〇〇枚で、完売しています」

と、受付の人は言った。

実際、観客席は立錐の余地もないといったふうだった。高揚した雰囲気は、波動のように記者席へも伝わってくる。わくわくした。

特別な時間が始まろうとしている。高橋大輔が、現役に復帰するというのは、つまりそういうことなのだ。

高橋が現役を退いたのは、二〇一四年十月だった。引退しても、彼はスターのままだった。アイスショーはもちろん、ダンスの公演にも出演したし、テレビでキャスターを務めたりもした。

でも、彼はまた、人生の中心にフィギュアスケートをおくことにした。十二月の全日本選手権で、最終グループで滑るのを目標として、試合に帰ってきた。より高橋大輔らしくあるために、だ。

ショートの六分間練習のときだった。名前がコールされると「わあ」、着ていた上着を脱ぐと「きゃあ」と客席が揺れた。

あとになって、ほかの選手も言っていたけれど、まるで全日本選手権のようだった。雰囲気が、よく似ていた。

髙橋は今シーズン、ショートを「The Sheltering Sky（作曲、坂本龍一　振付け、デビッド・ウィルソン）」で踊る。復帰後に左足に肉離れを起こした影響で、ジャンプの練習が遅れている。だから、まだ四回転には挑戦しない。跳ぶのは三回転半までだ。

ショートで、彼は白を基調にしたコスチュームを着ていた。上下が別のちょっと変わったスタイルが、素敵だ。そう言えば、髙橋は昔から「格好が悪い」のが嫌いだった。そんなことを思い出す。

「The Sheltering Sky」は、静かに始まった。息をのむ、といった感じがした。トリプルアクセルを跳び、フリップからの連続ジャンプ（ふたつめのトーループが回転不足）を降り、演技後半にはルッツを決めた。

かつて世界一と称されたステップも健在だった。三十二歳のスケーターにしか出せない、あるいは髙橋大輔にしか出せない華、色、才を思った。やはり、格好いいのだ、彼は。

演技はもちろん、全盛期とは同じではない。敢えて、言う。ブランクは、しっかりとあった。緊張が透けて見えたし、スピードも戻っていなかった。

「想像以上に緊張しました。まあ、とりあえず終わったという感じ。ジャンプも全部詰まりましたし、スピンもがっくがくでしたし、ステップも思うように動けなかった」

と本人が語るように、である。

ミックスゾーンで取材陣に、二重三重に囲まれた彼は、終始笑顔だった。声を上げて、笑ったりもした。

自らに厳しい姿勢は相変わらずだったが、表情に焦りはいっさい感じなかった。

むしろ、余裕のようなものを感じた。大人の風格とでも言おうか。

「今日はもう必死で、一つひとつ、こなしていくことだけ考えていました。昔の僕のスケートを想像して来られている方もいたと思いますが、その期待にはこたえられませんでした。

ただ、引退して四年経っても、これだけたくさんの方に応援していただけている。それがわかってよかったと思っています」

演技後、髙橋は、すぐにバックヤードに下がろうとした。滑り終えたら、スコアが出る。そんな簡単なことを、忘れていた。

「なんか、みんな待っているから『あれっ？』って。そう言えば点数が出るんだったと思って、（リンクサイドに）戻りました」

ショートで、髙橋は一位につけた。


フリーについては、彼の言葉で綴ろう。この日の彼にも、悲壮感はまったくなかった。笑みも浮かんでいた。苦く、笑った。

「いや、もう最低ですね。今まで練習でもここまでぼろぼろはなかった。現役復帰してから初めて。

これが試合なんだと思いますし、ショートとフリーを続けてやる難しさだと思います。ショートは時間が短い分、ある程度気合いで持っていけたんですけど、フリーはそうはいかなかった。

二日間を通して、課題もたくさん見えたし、今の自分の実力もわかりました。あらためて練習が大事だと感じています。同時に、ここからは上げていくだけだなと、強く思っています」

結局、髙橋はこの大会を三位で終えた。ジャンプが入らず、「ぼろぼろ」だったフリーにも、潜在的な美しさは感じられた。洗練されたプログラムは、この先、彼を助けるだろう。どんどん美しく見せるだろう。

全日本選手権の最終グループ滑走が、髙橋の今シーズンの目標だ。とっくの昔に達成している目標に向かい、彼は上っていく。ふたたび沸騰した、大勢の人の思いとともに。

彼は存分に戦える

#34

ミックスゾーンが狭すぎたのだと思う。細長いスペースの先で、髙橋大輔は汗をかいていた。

彼の目の前には、ぎゅうぎゅうに詰まったメディアがいる。日本のメディアは概ね礼儀正しく、大声をあげたり喧嘩を始めたりはしない。

昔、ある国で取材をしたとき、とんでもない目にあった。狭い入り口めがけて、押しくらまんじゅうのような固まりが殺到してきたのである。

入り口付近で待機していた私は、気がつけば、選手の足もとで両手をついていた(機材が当たって、少し怪我もした)。ずいぶんな騒ぎだったのにもかかわらず、選手と彼らのやりとりは、冷えていた。言葉がわからなかったからかもしれないが、壁を感じた。

翻って、髙橋大輔の立つミックスゾーンは明るさに満ちている。笑う髙橋に誘われるように、記者たちも笑う。暑いけれど、心地よい場だ。

二〇一八年十一月四日、髙橋は西日本フィギュアスケート選手権で優勝を果たした。ショートプログラム、フリースケーティングともに一位だった。

フリーでは、トリプルアクセルを二本跳んだ。そのうち一本は、後ろにトリプルトールループをつけた。総合得点は二四四・六七である。

点数は、世界のトップと戦うにはもちろん足りない。技術的にも、四回転が必要になる。でも、今日は、ぜんぜん問題ない。十二月に、大阪で行われる全日本選手権への出場も決まった。何より、髙橋が幸せそうな顔をしている。

実際、彼は解き放たれていた。これほどの表情を見るのは、いつ以来だろう。ちょっと思い出せない。もしかしたら、初めてかもしれない。

めちゃくちゃグルーヴィーな演技をした。指先まで、踊っているようだった。首の揺れにさえ、情緒があった。

ブラボーな試合だったと思う。だから、心がほどけたのだ、おそらく。「帰ってきた」のを感じる。それも、強くだ。

試合後、髙橋は話した。

「大きなミスなく終えられたのはよかったと思います。スピンやステップの質がよくなくて、そういう部分は課題になりました。トリプルアクセルを二本、プログラムに入れられたことは、自分にとって非常に自信になったので、よかったなと思っています。四回転の練習は（足の怪我の影響で）、なかなかできなくて。これから練習を始めていって、入れられそうだったら入れたいと思っています。一本くらいは挑戦したいという気持ちはあるので。

全日本までに跳べるかは、自分でもわからないですが、無理をしてしまうと怪我に繋がるので、体調を見つつ、考えながらやっていきたいと思います」

彼の目標は、全日本選手権の最終グループで滑走することだ。そこに、四回転が間に合えばいいと思う。

怪我だけは、絶対にしてほしくない。無理は、さらにいけない。外野が騒ぐのも、大きなお世話だ。よくわかっている。

だけど、それがあれば、彼は存分に戦える。羽生結弦、宇野昌磨には及ばないとしても、表彰台は届かぬ夢ではない。

国際スケート連盟ジャッジ、吉岡信彦氏に聞いた話だが、海外のアイスダンスの選手がこう言っていたそうだ。曰く、「髙橋大輔がシングルの選手で、ほんとうによかった」。

アイスダンスの選手が脅威に思うほどの表現力やスキルを、髙橋は持っている。そして、今シーズンから変わったルールは、彼の可能性をさらに広げている。

「四回転が入ったとして……。結局、どこまで完成度の高いプログラムを持ってこられるか、ということなんだと思いますよ。

もともとフットワークとか音楽に対する感性の豊かな選手ですし、そういうところが点数に反映されやすいルールにもなっている。髙橋が、国内で三番に入るというのはあり得る話でしょうね」

と、吉岡は話した。

さて、西日本選手権のミックスゾーンで幸せそうにしていたのは、髙橋大輔だけではない。長光歌子コーチもそうだ。長光は、髙橋の演技中、共鳴するように動いていた。

「すみません。我を忘れてしまいました」と笑い、続ける。

「（演技後は）『よくやったね』と声を掛けました。四年のブランクと独特の緊張感の中、ほんとうによくやったと思います。素直に褒めました。

復帰を決めてから、短い間に、いろんなことが押し寄せてきました。足の故障で、ジャンプが跳べない日も、スケーティングができない日もありました。

それでも、彼は常に前向きでいる。とにかくモチベーションが非常に高いので、いつも感心しています。

夏頃は、すごくいい滑りをしていたんですよ。足を故障する前は、すばらしかった。全日本選手権までに、何とかそんな演技を見ていただければと思っていました。

（全日本出場が決まり）あとショートとフリーが一回ずつ。ほんとうに、あと二回ですから、悔いのない演技ができるよう、詰めていきたいです。

あまり詰めすぎるといろいろ起きてしまうので、コンディションを考えながら、レベルアップをしていってほしいなと思っています」

表彰式には、たくさんのファンが残っていた。会場は温かい拍手に包まれる。髙橋大輔が、表彰台のいちばん高いところに立つ。見知った光景のはずなのに、新鮮な気がした。なんだか不思議な感じも、する。

興奮と賞賛と安堵と期待と。さまざまに感情の交ざる拍手は、長く続いている。フォトセッションが始まってからも、続いていた。

二〇一八年十一月四日は、そういう日だった。少なくとも、愛知県名古屋市にある日本ガイシアリーナではそうだ。

そして、未来へ

#35

モード誌の締め切りは早く（この書き出しをするのは、たしか二度目だ）、今はグランプリファイナルが終わったところだ。

女子は、紀平梨花（十六歳）が優勝した。グランプリシリーズは初出場だった。ファイナルには、あのアリーナ・ザギトワがいた。二〇一八年平昌オリンピック、金メダリストのザギトワが、である。

それでも、紀平は勝った。ルールが変わっても、「されどジャンプ」を証明した形と言えるだろう。

紀平はトリプルアクセルを跳ぶ。コンビネーションで降りることも、できる。爽快で、美しい演技をする。

トリプルアクセルは、日本の伝統でもある。伊藤みどりは言っていた。

「トリプルアクセルが、受け継がれているのを嬉しく思います」

紀平だけではない。宮原知子《さとこ》、坂本花織、三原舞依、樋口新葉《わかば》、山下真瑚ら、時代時代に花は咲き続けている。それが、ほんとうに誇らしい。

男子は、宇野昌磨が銀メダルを獲得した。優勝したのは、アメリカのネイサン・チェンだ。ふたりの勝負は、これから長く続くだろう。きっと、名勝負を繰り広げてくれるに違いない。

でも、次は宇野が勝てればいいと思う。彼には、その力がある。「自分を信じて、スケートを楽しみながら」、勝つ。一番になる。宇野昌磨は、日本の希望のひとりだ。

羽生結弦は、足の故障でファイナルには出られなかった。全日本についても、欠場する旨のアナウンスがあった。

欠場は三大会連続になるが、無理はしないほうがいい。こういうときは、誰がなんと言おうと自重すべきだ。

すべての選手に言えることだが、自身のために自愛に努めてほしい。壊れてはいけない。長くスケーターでいるために、足踏みも必要なのだ。

今シーズンで印象が深かったのは、髙橋大輔の現役復帰である。彼の決意に「驚かされた」という関係者が少なからず、いる。筋肉がどうだとか、体力的にどうだとか。ジャンプを跳ぶタイミングがどうだとか。いったん、競技から離れてしまった選手が試合に戻るのは、一般人が想像する以上に難しい。険しい道だ。

髙橋も、最初の試合ではジャンプが入らず「ぼろぼろ」だった。夏、彼は足に故障を負った。その影響ゆえの「ぼろぼろ」だ。

満足な練習もできないまま、彼は四年ぶりの試合に臨んだ。だけど、髙橋も、周りにいるチームも表情は明るかった。驚くくらいに、だ。

その後、髙橋は順当に勝ち上がり、全日本選手権の出場を決めた。最終グループ六人に入るのを目標としている。

彼は全日本のリンクで、どんなふうに滑ったのだろう。どんな喝采を、受けただろう。このエッセイが掲載になる頃には、試合はとっくに終わっている。

だから、なんだか書き方が難しいが、私は全日本選手権をとても楽しみにしている。待ちきれない気分だ。

十一月にNHK杯が行われたとき、象徴的な光景を見た。髙橋大輔が、宇野昌磨を観ている。宇野はリンクで演技をしていて、髙橋はそれを関係者席で観ている。演技後に、拍手を送る。

ただそれだけのことに、ちょっと感動する。脈々と築き上げられてきた「現在」に、宇野は立ち、憧れの先達である髙橋の賞賛を得る。受け継がれているのは、決して女子だけではない。

名前を何人か挙げよう。友野一希、田中刑事、山本草太、島田高志郎。彼らにとって、髙橋との試合、全日本はよい刺激になるだろう。

かつて世界一と称されたステップ、足もとは当然だが、特筆すべきは上半身だ。髙橋は上半身を大きく、しなやかに使う。手本にしないのはもったいない。

ところで、今日の繁栄を先に繋げていく上で、足りないものが日本にはある。いちばんの問題は、リンクがぜんぜん足りていないことだ。

深夜であるとか、早朝であるとか、とんでもない時間に練習を強いられている選手は少なくない。

練習環境の整備、徹底したサポートの確立が「明日」の繁栄をつくる。一時的なブームで、「現在」を終わらせてはいけない。人気に沸く今こそ、動くチャンスなのではないか。すごく重要な時期だ。

海外の選手は、よく口にする。「日本で開催される大会は世界一だ」。そのとおりだと思う。だけど、彼らの多くは、日本の選手より環境のいいリンクにいる。寝不足を強いられないような環境に、だ。

国土や気候の問題もあって、日本がリンク大国になるのは難しいだろう。それは理解する。ただ、いつまでも選手の忍耐に甘えているわけにはいかないのも事実だ。

安定した環境が、要る。その実現を強く求めたい。なぜか。日本が世界の認める、比類なきフィギュアスケート大国だからだ。

さて、ここから、文体が変わります。個人的な話をさせていただくためです。唐突なお知らせですが、「宇都宮直子のスケートは人生だ！」は、今回が最終回になります。

八回の予定で始めた連載が、三年近い回数を重ねられたのは、すべて読者の皆さまのおかげです。

皆さまに支えていただいたからこそ、私は思いを綴ってこられました。感謝の気持ちでいっぱいです。ほんとうに、ありがとうございました。

これから新刊の取材、執筆に入ります。二〇一九年は、二冊の刊行予定でおります。新しく、一般誌での連載も始まります。

また、どこかで皆さまにお目にかかれましたら、たいへん嬉しく思います。ありがとうございました。

◉特別収録

魂の覚醒

これからするのは、ふたつき前の「興奮」についての話だ。

二〇一八年二月。韓国、平昌でオリンピックが開催された。ノロウィルスによる集団食中毒が発生したり、交通システムが大混乱したり、ボランティアが大勢ボイコットしたり。そんな報道が続いていた頃、私は韓国に発った。

高速鉄道KTXは、韓国の「新幹線」と聞いていたのだけれど、日本の新幹線のほうがうんとよかった。清潔だし、開放感がある。

それに、KTXの扉は開くと、けっこう急な階段が現れる。高齢者や幼児、障がい者には優しくない高さだ（がん治療中で、関節痛を抱える私も苦労した）。

ソウルを過ぎると、徐々に景色が変わった。ずいぶん、のんびりした。昔話に出てくるような景色の中、KTXは走ってゆく。

いくつかの河は、凍っていた。雪はあまり積もっていない。陽が強く照って、地表のあちこちを、鏡みたいに光らせている。

車両は満席で、賑やかだ。人の声は、大きかった。正直に言えば、うるさかった。せっかくの案内も聞き取りにくい（韓国語、英語の次に日本語が流れる）。平昌駅で、人が何人か降りた。でも、多くはそのままだ。終点の江陵駅まで行く。江陵の駅前には、マスコット二体（白い虎とツキノワグマだ）が、楽しげに立っていた。

写真を撮っている人がいた。ボランティアの人も、大勢いた。でも、予想していたような盛り上がりは感じなかった。

街は華やぎより、季節の冷たさを思わせた。オリンピックの熱気や興奮は、限られた場所にかたまって存在した。スピードスケートやアイスホッケーや、カーリングやフィギュアスケートが行われる競技会場に、である。

私は、そこへ行こうとしていた。江陵へは、フィギュアスケートを観るために来た。

フィギュアスケートは、冬の華と言われている。すごく人気がある。とくに、日本ではそうだ。沸騰している。

その熱さは、韓国へも届いていた。距離的に近いオリンピックは、ファンには喜びだったろう。たくさんの日本人が訪れていた。

人気の中心にいるのは、なんと言っても羽生結弦だ。ソチオリンピックの金メダリスト。しなやかさな強さと、タフな心を持っている。「王者」であることに、深くこだわっている。そんな選手だ。

彼はいつも、勝とうとしていた。闘争心を隠さなかった。どちらかと言えば、剝き出しに、した。そういうスタイルは日本人には珍しかったし、彼をますます魅力的に見せていた。

平昌オリンピックは、特別な大会であった。フィギュアスケートにとっても、彼にとっても、である。

羽生には、二連覇が懸かっていた。達成すれば、六十六年ぶりになる。羽生は、優勝候補の筆頭にいた。ただ、不安要素がなかったわけではない。

昨年十一月、NHK杯の練習中に転倒し、足首に怪我（右足関節外側靱帯損傷）

をした。以来、試合には出ていなかった。平昌オリンピックでも、個人戦の前に行われた団体戦には出場しなかった。

だけど、私はあまり心配していなかった。羽生が平昌に間に合わないはずがない。ずっと、そう思い続けていた。

羽生の身体は頑強ではない。ソチで金メダルを獲ったあとも、さまざまに苦しんだ。病気をした。怪我も少なくなかった。何度も、あった。

それでも、彼は立ち止まらなかった。さらに美しくなって、戻ってきた。世界最高記録だって、出してみせた。ドラマの主人公のような男なのだ、彼はまったく。

だから、よく思い浮かべた。喝采の中に立つ羽生結弦と、いちばん高いところに揚がる日の丸。そして、結果はまさにそのとおりになった。彼は、文句なしにすばらしかった。歓声は、まるで飛泉のようだった。ざあっという「音」が、大きく、長く聞こえた。

ふたつき前の「興奮」は、「熱狂」と記してもよかった。とにかく、それは渦を巻いて記者席にも届いた。

二〇一八年二月十六日、男子シングルショートプログラム。

江陵アイスアリーナの入場ゲート付近には、日本のテレビクルーが何組もいて、日本人を取材していた。国旗を持ったり、頬にペイントをしたり、ぬいぐるみ（黄色い「くまのプーさん」だ）を抱いている人がいた。

インタビューを受ける代わりに、アナウンサーに「一緒に写真を」と頼む人も、いた。皆にこやかで、足取りも軽かった。オリンピックは、そういう祭典なのだ。心が躍る。

ただし、会場は空席が目立った。チケットは完売と聞いたが、日本での試合と比べれば、がらがらな感じがした。

アリゾナからきたという、恰幅《かっぷく》のよい夫妻は荷物を置いたり、食べものを置いたりして、席をむっつほど使っていた。

上の方の席には、ボランティアの女性が、席を埋めるために動員されていた。スマートフォンを見ていたり、ポップコーンを食べているような人たちだ。眠っている人さえ、いた。

もし、日本からの観客がいなければ、このオリンピックは失敗だっただろう。

私見だが、フィギュアスケートに限って言えば、絶対にそうだ。

羽生結弦がリンクサイドに現れると、拍手がわき起こった。浮き立つものではない。不安と心配の混ざる拍手だ。

「自分が勝つつもりでいる」

大会前に、羽生はそう話していた。自らを追い込む、強い言葉だ。勝つために、彼はオリンピックの舞台に帰ってきた。勝負師の顔をしている。

ショートの使用曲「バラード第一番」。静かな調べに溶けるように、羽生は踊った。ふわりと四回転サルコウを跳んだ。トリプルアクセルにはすごく幅があって、空を舞っているように見えた。

バラードと呼ぶに相応《ふさわ》しい内容だった。「物語」は完成していた。深刻な怪我があったのは事実だ。誰もが知っている。でも、羽生のスケートは、十分に滑り込まれた作品のように見えた。何もかもが、美しかった。

ここまで来るのに、彼はどれだけの痛みをこらえただろう。どれほど苦しんだだろう。

演技後の羽生を見られなかった。ちょっとの間、メモも取れなかった。声を抑えて、私は泣いた。嬉しくて、泣いた。

リンクで、彼は優しく微笑んでいた。凛々しく、涼やかだった。だけど、以前とは雰囲気が違っていた。挑戦を止めない人の、諦めない人の、気概のようなもの。それがさらに磨かれ、新しくなっていた。

圧巻のショートの得点、一一一・六八。もちろん、首位につけた。

二〇一八年二月十七日は、フィギュアスケートに新しく歴史が刻まれた日だ。男子シングルフリースケーティングが行われた。

こんな話を耳にする。ショートは大丈夫だったけれど、四分半ではどうだろう？　羽生の足と体力の心配を、その人はしていた。

試合は、午前十時から始まった。十三時を過ぎても、会場は満席にはならなかった。空席が目立った。それから相変わらず、「日の丸」が目立つ。四方、上下、ぐるりに見える。日本から来た人の思いが、温かく伝わる。

隣に座っていた中国人の記者（チャーミングな若い女性だ）は、競技には興味がないようだった。ずっとメールをしていて、試合は観ていなかった。でも、「私は羽生が好きなの」と言っていた。

羽生は最終第四グループに、登場した。二十二番スタートだ。

ここまでのトップは、ネイサン・チェン（アメリカ）。彼は第二グループ、九番で滑った。ショート十七位と出遅れたが、フリーは六回の四回転に挑み、五回を完璧に跳んだ。得点は二一五・〇八（パーソナルベスト）、その日の最高を記録した。

ネイサンの「結果」が示すように、男子シングルは現在、四回転を跳ばなければ戦えない。そんな時代になっている（詳しくは、小著『羽生結弦が生まれるまで 日本男子フィギュアスケート挑戦の歴史』に書いた）。

羽生は四回転を四種類持っている。トーループ、サルコウ、ループ、ルッツだ。ジャンプの難易度は、紹介順に高くなっていく。当然、基礎点も高くなる。

でも、羽生は平昌でループ、ルッツを跳ばなかった。プログラムから外した。

「演技構成をどうしたらいいのか。何がベストなのか。自分でも悩みました。ただ、最終的には跳びたかったジャンプは跳べたのでよかったと思います」

彼は、トーループとサルコウを跳んだ。難易度を落とし、演技の完成度で勝負をする。そういう選択をしたのである。

もちろん、葛藤はあったろう。羽生は誇り高い選手だ。難度にこだわり、いつだって、限界を目指してきた。

しかし、平昌では、それは叶わなかった。足はまだ癒えていなかった。だから、そのときにできる演技を、彼はした。

べつにそれは逃げではなかった。捨てることで、彼は道を開いた。ジャンプを封印しての勝負は、難しい。並の選手では不可能だと思う。でも、羽生ならできる。

彼は、新しい挑戦をした。滑らかなスケートで、より美しく見せる。フィギュアスケートが、技術だけの競技ではないことを証明してみせたのだ。

フリーの使用曲は「ＳＥＩＭＥＩ」。和の世界が、リンクに広がる。羽生が音を編み、紡いでゆく。四分半に十三の要素だ。

冒頭の四回転サルコウ、トーループは完璧だった。（衣装の袖のせいか）羽衣をまとったように、見えた。降りたあとのランディングは流れるようだ。

音に重なるように、ステップを踏んだ。音にゆだねるようにスピンを回った。

ジャンプで着地が乱れる場面はあった。でも、それは、何も壊さなかった。演技も試合も、彼自身も、である。

痛み止めを服用している演技には、見えなかった。どこもぼやけていない。魂が覚醒している。羽生結弦は、ため息が出るくらい美しかった。

フリーの得点二〇六・一七、総合三一七・八五。それで十分だった。彼は痛みを抱え、戦い、勝った。フィギュアスケート史に、煌《きら》めく歴史を加えた。鮮やかに、名前を刻んだ。決して、色褪せない名前を、だ。

会見で、彼はこんなことを話した。

「(大会前は)何より、勝ちたいという気持ちでいました。勝たないと意味がない。この試合は、とくにそうです。大事に、大事に結果を獲りにいきました」

「怪我が思ったよりひどくて、練習がなかなかできなくて。それでもできることを探りながら頑張ってきました」

「オリンピックという、僕がいちばん大切にしている大会で、また金メダルを獲れたのをすごく誇りに思います」

二〇一一年東北で起きた大震災の被災者へ思いを馳せた(羽生は仙台の出身

羽生結弦、2018年平昌オリンピックのフリースケーティング。
写真：YUTAKA ／アフロスポーツ

だ）。周囲への感謝を礼儀正しく、語った。

口調は淡々としているが、ためらいがなかった。プライドを感じる。静かで、心地の良い興奮が、その場を支配していた。

羽生結弦が、平昌でチャンピオンになった。オリンピック二連覇の偉業を成し遂げた。試合後、彼は雄叫びをあげた。ファンの投げる「くまのプーさん」が、リンクにどんどん降った。

これが私の知っている、ふたつき前の「興奮」についての話だ。

あとがき

とても幸運なことに、私はこれまで二度の冬季オリンピックに参加した。取材者として、バンクーバー（二〇一〇年、カナダ）と平昌（二〇一八年、韓国）に、である。

ソチ（二〇一四年、ロシア）は、テレビで観た。その頃、私は体調が優れなかった。がんに罹患《りかん》し、人生の厳しい一面を歩いていた。

ただ、泣いたりはしなかった。不思議だが、悲しくもなかった。心配も、あまりしなかった。強いて言うなら、ひどくがっかりしていたように思う。

世の中には「がんになって、よかった」と言う人も多いが、私は「よかった」とは思っていない。重篤な病に罹患すれば、困ることがとても、多い。たくさん、ある。

私の場合、体質も手伝って、治療の副作用が重かった。けっこう長引いた。副作用が後遺症のように残って、現在も通院、服薬が欠かせない。

罹患前、私は台所に立つのが好きだった。整理整頓が、好きだった。本を読むのが大好きだった。そういう好きなことを、あまりしたくなくなったのにも、困った。残念で仕方ない。損をしたような気もする。

自分が本を読まなくなるなんて、考えたこともなかった。いろんなことが、大きな幅で変わってしまった。釘付けにされたような感じで、もう動かせない。でも、私はフィギュアスケートを好きなままだった。心にどんと存在した。

医師からは、言われた。

「この病気には再発がありますから、できるときに、好きなことをしておいたほうがいいと思います」

だから、私は帽子をかぶって（髪が薄くなったので）、いそいそと出向いた。手足が痛む日も、目眩《めまい》で苦しい日も、現場へである（こういう日は、薬のありがたさを痛感した）。

周囲の人は、私の体調に気がついていなかったと思う。「元気そう」と声を掛けられることが多かった。

そのたびに、私は喜んだ。しみじみ、幸せだった。仕事は、私の生きがいだ。

それができているのだから、元気でないはずがない。

現場に戻れたのは、出版社や編集者（名前は出さないでと言われているので、あえて書かない）のおかげだ。大きな力添えがあった。深く感謝している。

家族や友人にも感謝をしている。「歩くのが、だいぶ遅くなった」という話をしたとき、友は微笑んで、言った。

「だいじょうぶ。元から歩くの遅かった」

思う存分、笑った。笑って、身体が温かくなった。

私はありがとうと、彼女に言った。それからは、あちこちで言った。ありがとうと何度も、いつも。

大勢の人に支えられ、私は仕事を続けている。興奮の中で、試合を観る。選手の言葉を聞き、原稿を書く。フィギュアスケートは、私の人生の一部だ。

最後になったが、「スケートは人生だ！」を一冊の本にまとめてくださった、三賢社さんに謝辞を贈りたい。夢を形にしていただき、ほんとうにありがとうございました。

私はこれからも、夢を叶えていきたい。できなくなったことは、正直、ある。だけど、それで幸せになれないわけではない。

事情はどうあれ、諦めなければいいのだ。機会は、必ずやってくる。少なくとも、私はそう考えている。

二〇一九年春、弥生。感謝を込めて。

宇都宮直子

＊本書は『ＳＰＵＲ』誌上において、二〇一六年四月号から二〇一九年三月号まで掲載されたエッセイに、著者が加筆・修正を加えてまとめたものです。特別収録エッセイの初出は、『オール讀物』二〇一八年五月号です。
＊本書へ収録するにあたり、タイトル等を変更しました。

宇都宮直子　うつのみや・なおこ

ノンフィクション作家。医療、人物、教育、スポーツ、ペットと人間の関わりなど、幅広いジャンルで活動。なかでもフィギュアスケートの取材・執筆は20年以上におよび、スポーツ誌、文芸誌などでルポルタージュ、エッセイを発表している。『人間らしい死を迎えるために』、『ペットと日本人』、『猫を看取る　シュガー、16年をありがとう』、『別れの何が悲しいのですかと、三國連太郎は言った』、『羽生結弦が生まれるまで　日本男子フィギュアスケート挑戦の歴史』ほか、著書多数。

ブックデザイン：西　俊章

本文組版：佐藤裕久

スケートは人生だ！

2019年4月25日　第1刷発行

著者　宇都宮直子

発行者　林 良二
発行所　株式会社 三賢社
〒113-0021　東京都文京区本駒込4-27-2
電話　03-3824-6422
FAX　03-3824-6410
URL　http://www.sankenbook.co.jp

印刷・製本　中央精版印刷株式会社

ISBN978-4-908655-12-8 C0095